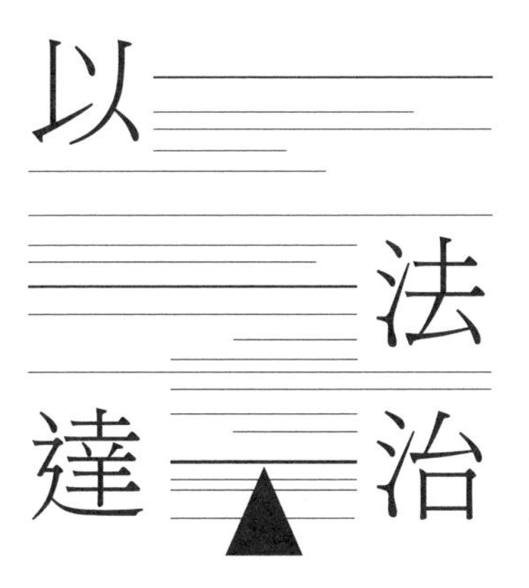


李浩然 著

# 目錄

從法治說起 006

基本理念

什麼是法治？ 012
法庭和法治 013
Dicey的法治定義 014
近代對法治的見解 015
利益整合機制 016
什麼是民主? 017
西方文明的民主觀 018
移植民主和真正內涵 019
亨廷頓論民主三部曲 020
法治民主 021
法治妥協與健康民主 022
什麼是自由? 023
什麼是公民抗命？ 024
法院對拉布權的判定 025
什麼是公投? 026

公投和主權 028
政治符號學 030
國際政治中的非暴抗爭 032
什麼是顏色革命? 033
暴力抗爭的邏輯 034
群暴運動的四類結果 036

## 選舉

選舉的國際標準 040
社會共識和選舉 041
甄選出候選人的環節 043
甄選制度收穫與成本 044
自由經濟和選舉制度 045
選舉的兩個前提條件 046
低得票和投票率困境 047

## 「一國兩制」


五十年不變 050

主權、治權、授權 051

當法學遇上政治學 052

換個視角看問題 054

「一國兩制」的政治理論 055

權力格局和剩餘權力 057

特首和執政黨及中央的關係 058

單一制國家的地方長官選舉 060

「一國兩制」和不對稱聯邦主義 062

憲法是否適用於香港 063


## 新世代政治


資訊世代和信息 066

網絡政治學 067

新政治空間 068

新的歷史交接點 069

下一代政府 070

人民權力的世代 071

科技想要什麼？ 072

理想和社會成本之間 073

對民主認識的落差 074

選舉是民主還是暴政 075

對意識形態的管理 076

選舉和執政能力 077

精英和市民政治 078

政府—資本—社會，新平衡 079

西方國家的內政挑戰 080

## 關於2017年政改問題

政改要討論什麼？ 082
選舉和國家安全 084
候選人提名原則 085
什麼是「愛國愛港」？ 086
為什麼要「愛國愛港」？ 088
「愛國愛港」與政治倫理 089
不同的民主理想 090
對提名權的爭奪 091
視香港為民主試驗場 092

## 後記

094

## 從法治説起

2014年發生的「佔領事件」和相關的一系列社會爭論，給本來相對平靜的香港社會造成很大衝擊。其中最受震盪的，是我們經過數十年努力建立、過去一直充滿信心並賴以自豪的法治基石。事件爆發期間，社會出現了很多不同的説法，有人説事件衝擊了法治精神，也有人説沒有。香港社會一直以來對於「法治」的認識和理解，一下子變得模糊起來。「法治」作為香港核心價值之重心，其模糊化使得香港社會出現精神上的人心惶惶，影響極為深遠。

在一些申請臨時禁制令的案例[1] 當中，法庭通過判詞表示情況十分讓人擔憂的是，不斷有一些公眾人物（包括一些接受過法律訓練的人）反覆向公眾和示威者公開提議，他們可以不遵從「單方面」禁制令；而且這種不服從命令的行為，也不會破壞法治。法庭認為這説法是錯誤和不正確的，並會導致公眾和被告對法治產生錯誤的理解。所以，佔領行為已經使程序正義和法院權威陷入真正的威脅，嚴重削弱香港的法治基礎。

為此，法庭決定採取行動，努力保護和維護法治，以確保社會公眾的最佳利益。這包括在禁制令當中列入對警員的授權方向，期望藉此向被告發出一個明確的信息：法庭的民事命令是必須遵守的，違反將帶來嚴重後果。在作出這項授權時，法庭也援引了加拿大最高法院的MacMillan對Simpson案作為參考，授權任何維持和平的工作人員（包括警員），對有合理和可能理由相信正在違反法庭命令的人進行逮捕。判詞最後還特別強調其擔憂：公眾，特別是被告，正在面對誤解不服從法庭命令嚴重後果的風險（包括對法治的嚴重影響），這可能會釀成被告繼續違反禁制令，阻撓警方履行職責，並出現糾紛。

判詞中還指出：香港一直以來始終堅持法治的理念。這個理念一直被珍視且深受廣大市民小心守護。它被普遍認為是香港邁向文明、安全和有序社會的最重要基石。法治必須堅持包含每個市民和政府都需服從和遵守法律。所有人均受到法律的支配和約束。

根據法治原則，即使被告認為法庭命令是錯誤的，也不應該簡單地不服從，而是應該先遵守，同時尋求並按照適當程序上訴。法律不能容許其命令的服從與否是由個人按照自己的意願來作出選擇，即使包括自認為的良知。即是說，法律的最高性，在於不是由個人來自行選擇是否守法。

因此，如果有人說我們可以自由地或故意先不遵從法律，只要事後接受違反法律的後果，就不會削弱法治的話，這是錯誤的。如果這樣，任何文明有序的社會都無法切實有效地落實法治。對法治的堅持，必須建立在法庭命令和法律得到有效實施的前提上。這也是為什麼司法機構的獨立性，以及法庭的尊嚴和權威，是法治理念的其中一個基本原則。

人們在面對任何大規模的改革時，都容易受到刺激而感覺亢奮。這種情緒促使內地進行經濟改革時，人們的奮發圖強。當香港正在討論政制改革時，人們也熱情高漲；2014年底的那幾個月，正是情緒被調動至頂峰之時。

隨著事件逐漸平息之後，我們實在很有需要再從法理和政治學的角度進行梳理，對法治、民主、平等、公義等概念作出反思，並整理事件所引起的爭議。釐清問題的反思將有益於整個社會，對於香港市民質素的提升也是一個契機。

過去三十年來，香港不斷經歷著法治制度和政治生態的急促發展。事件讓我們能夠在混亂的情況下，重新認知一些最根本的東西。

《聖經》裡面以「迦南之地」來形容流著奶和蜜的美好之地；柏拉圖則將正義的制度稱為「理想國」。對於物質文明高度豐富的香港社會，我們追求的奶和蜜，更是精神上的文明和豐盛。

本書扎根在2014年的時局，通過對本地和國際事件的評論，帶出背後的一些理論和理念問題，跟讀者分享。

這是我們冷靜思考的開端。

---

1 香港法庭在潮聯公共小型巴士有限公司對吳定邦等人（案件編號：HCA2086/2014）、Goldon Investment Ltd 對 Wong Yuen Ching 等人（案件編號：HCA2094/2014），以及香港計程車會及的士司機從業員總會對吳定邦等人（案件編號：2104/2014）等關於申請臨時禁制令的案件判詞。

# 基本理念

公義、法治、自由、民主、平等，可能是當代關於人權最普及的追求。不過，這幾個理想是有先後次序和關係的。什麼是正義？柏拉圖在《理想國》一書當中所提出的這個問題，開啟了西方社會的政治哲學。之後，阿里士多德在公元前384年提出了法治比較人治為優的概念。公義締造了法治的基礎和標準，而擁有了真正的法治，我們的社會才有規則，逐步建立起自由、民主和平等的理想。

當然上述的五種理想，每個本身就是一個龐大的課題。本書篇首選擇法治的概念作開端，這兩個字十分簡單，但當中包含了太多的元素。法治是一種文明社會所追求的理想狀態，同時也是用來評估這個文明社會制度的標準。當然每個人的看法可能會有點不同，但當中仍有一些為大家所共同認知的，這些就是法治的基本含義，例如依法辦事。當然這還是不足夠的，還應該包含這些法律都是好的，即所謂「惡法非法」的批評；此外還應該包括比例原則。例如我們不會因為一個人做了小偷，就把他們的手砍掉，而應該制訂與犯罪行為相適應和合理的懲罰標準。

隨著時代的變化，社會對於法治的概念可能也會有些不同。筆者在此引用英國重要法律教授A. V. Dicey在19世紀提出對英國憲政制度發展的觀點，供大家參考。Dicey認為法治應該包含三個最重要的原則：（一）法律具有最高地位；（二）法律面前人人平等；（三）司法運作和判決當中最重要的考慮是市民權利。

一個社會要達到被稱為法治的水準，最起碼有四項條件，分別是：尊重法律、遵守法律、司法獨立、權力分立（全世界沒有一個地方是絕對的權力分立，這裡所指的是功能或職能上的分工，以形成制約和平衡）。只有兼顧四者並達致相當高的水準，才可以被稱為法治社會。

法庭審案最重要的，不止要秉行公義，還需要彰顯公義（justice must not only be done but must also be seen to be done）。相信說香港的司法制度是獨立、有效彰顯公義、公平公正的，會獲得普遍認同。

但是，近日卻聽到一些例如「法庭禁制令由單方面提出，不一定要遵守」等鼓吹不遵守法庭判令的言論；甚至如「對裁決感到失望及憤怒，因裁決是按申請人的要求而作出」（這個評論有違法律邏輯。事實上，法庭本身不會超越申請人的申請範圍作出裁決。評論人可能是想指摘法庭偏袒申請人的意思。摘自關於「臨時禁制令申請人對吳定邦案」的評論）、「案件因技術問題，被告被判無罪釋放」（這似乎是透過個人價值觀的判斷，質疑法庭判決的實質正義，違悖了法律審判的公正性和嚴肅性。摘自關於陳永良被控施以酷刑案的評論）等言論，以及自己一方敗訴便歸咎法官誤解法律的謾罵，正正傷害了法庭的權威性，違反法治精神，其禍大矣。

如果社會人士不服或者不服從法庭判決，慢慢就會使整個社會對法治失去信心。如果市民不尊重司法制度或對司法制度缺乏信心的話，整個制度就會崩潰。

## Dicey的法治定義

近代普通法體系中，英國法律教授A. V. Dicey於1885年提出他對法治的見解。

他的學說主要有三點。第一，法律具有最高地位（Supremacy of the law）。「All men are ruled by law and by the law only.」所有人都由法律規管，並只由法律規管。

第二，法律面前人人平等（Equality before the law）。「No man is above the law; every man is subject to the law and the jurisdiction of the courts.」這個概念是從第一個概念衍生出來的。當我們說法律是最高的，每一個人都受法律管治，但若它不公平的話，那怎麼辦？因此，如果認同法律具有最高性，那它對待每一個人都必須一樣，不能厚此薄彼。各人均享受法律，公平地保護著各自的權利，沒有人的權利可以凌駕別人的權利。

第三，憲法原則，或說市民權利，都是由法庭判決的。「The general principles of the constitution (the rights of citizens) are the result of judicial decisions.」除了重視法律外，重要的就是法庭的權力，以及司法管轄權。具體而言，只有經過法庭審訊並被判有罪，才可以認定一個人是犯法。在這之前，任何人都不能被認為是罪犯。而且任何人均須遵守同一套法律、受同一個法庭管轄。

筆者希望把法學界和法律界其中一個影響最重大、也最廣為接受的學說介紹給社會，讓讀者面對法治這樣一個虛無的問題時，可以有更多個人思考的依據。

在Dicey提出學說一百多年後的當代，英國前任首席大法官Lord Bingham在2007年也提出了他對法治的見解。當中既保留前人的基本原則，例如人人都要守法等，也加入了更多具時代背景的思考。

首先是審核政府的行為，和法律的合法性、合憲性。前者講究是否有法律依據，後者則更進一步，即使是依法而行，還要考慮行為本身或所依據的法律是否符合憲法。如有違憲，便應該撤回或取消。在香港，我們稱這個司法程序為「司法覆核」，其他地方也稱之為「違憲審查」或「司法審查」。

此外，是獨立的法庭。

還有是關於市民知道法律的權利，即保障俗語所謂的「不知者不罪」原則。這便要求法律是可接觸、可明白、清晰、確定，以及可預測的。這樣市民才能分辨何事可為，何事不可為。

另外，是法律要對市民的基本人權有充分保障。什麼是基本權利？簡單說就是反映世界認同的一些基本價值。在運作上，這裡有兩個層次的含意。第一，法律適用於所有人，沒有人是特別的、享有不必要的特權或特殊優惠，以及能夠享受不同等的待遇（當然一些特殊情況除外，例如照顧殘疾人士等）。總體來說，跟Dicey所說的沒有人應該享有比別人更多的權利相似。

第二個層次，是法律有能力保障市民的基本人權。這一方面，除了法庭有效運作、市民普遍尊重法律和法庭之外，也涉及政府的強制力，例如員警執法，作為支撐落實法律的力量。

任何一個理性的政治體制，不管形態如何，都是為了給社會提供一個有效的利益整合機制。

所謂利益整合，是指社會成員有各式各樣的利益訴求，可是政府不可能給每個人都制定一個政策，這樣便需要一個過程，來發展出一個大家都能夠接受的政策。在這個政策當中，每個社會成員的訴求都會獲得一定程度的滿足，但也因為要和別的社會成員分享政策內容，所以部分訴求會被迫放棄。例如社會有一百位成員，每位成員有自己的訴求。然後通過整合過程，相近的訴求會被整合成十個政策訴求。之後這十個訴求又互相整合，最終達至一個大家都能夠接受的政策。利益整合包括了各類談判和討價還價，而過程中也需要一些平臺來給各方進行表達，這可能是政黨、利益團體、議會和諮詢機構等等。一般來説，選舉過程是最重要的整合活動進行時間。

《基本法》在制定時，提出均衡參與的概念，其背後的理念就是讓社會各階層和各類型的利益訴求，能夠有一個有效的表達管道，從而能夠影響政策的內容，最終使推出的政策可以照顧到不同的利益訴求。而提名委員會就是在這樣的背景下被提出的，希望作為選舉期間最重要的利益整合平臺。

今天當我們討論提名委員會的組成，以及如何獲得提名委員會的提名時，應該以達至有效而順暢的利益整合為核心原則。反過來説，就是候選人均應該獲得不同組別的支持，才可以顯示他的主張照顧到不同組別的訴求，同時有能力整合各個組別之間的不同訴求。

早於古希臘城邦時代，就已經出現了所謂「民主」的概念。但當時這個概念更多是指所有城邦成員對於政治權力具有平等的參與權，即後世所謂的直接民主。時至今天，我們所講的民主，主要是受到中世紀歐洲文藝復興時期先哲們對民主理念的探討。他們的努力，很大程度地刺激了法國大革命和建立美國新型三權分立的政治體制。當時對於民主的探討，產生了日後的代議政制。

説實在的，如果今天隨意找一個人來問「何謂民主」，恐怕沒有人可以清楚地説明白。事實上，就算我們找來所有的百科全書、大學教授，相信也沒辦法對民主下一個絕對的定義，最多也只能夠給予例子説明民主的外在與內在元素。連根本地、清楚地把什麼是真正的民主歸納出來也有困難。

其實真正的民主是一種生活狀態，一種各人都能夠享受平等的生活狀態。市民生活在一個社會當中，無可避免會受到政府的政策所影響。要確保每一個社會成員能夠享受民主的生活，便需要確保每一個人都能夠有效表達個人的利益訴求，而政府也有一個盡量公平的機制去進行利益整合，以達至在制定政策時，能夠合理照顧大部分人的利益，也不至於損害小眾的權利。

借用史丹福大學一位教授的總結，民主應包括四個元素：法治、通過自由和公正的選舉更換政府、人民積極參與政治和公民生活、保護所有公民的人權。

不論古今，民主的核心追求正是「平等」二字。下次我們討論民主時，就應該知道焦點在哪了！

當西方世界步入近代文明時，啟蒙運動改變了過去的封建制度，確立了自由、民主和平等的思想，建立起資產階級民主。至工業革命之後，更推進政治體制向大眾民主的發展。這當中幾百年的探索，最重要的變化，是讓人民參與選擇政府，以及提供了一個政治領袖平穩交接的繼承機制。

所以西方文明對民主的價值觀和理解，是讓民眾有平等的途徑，參與建立自己的政府。對於組織政府的目標，應該是有效管治和體現平等；而民主則是進行這個過程的基本原則，具體的表現機制是為各種選舉安排。

民主原則是西方文明為了解決上述的政治繼承問題而產生出來的，當中經歷過數百年長時間的磨合和探索，在各地產生了各式各樣符合這個原則的選舉制度。

這樣的一整套政治哲學，源自西方文明強調工具主義的特性。因此，民主和隨之而產生的選舉制度，實質上是一套社會用來建立理想政府的工具，包含著具體機制和建立機制的原則兩部分。

既然是工具，社會各界便能形成共識空間，為著建立平等和有效政府的大目標，磋商出不同的產生模式。這解釋了為什麼各地方擁有不同選舉制度，但同時都能稱得上是符合民主原則的。而從世界的多元民主選舉制度看，也解釋了為什麼民主並非一個絕對的概念。

而且由於只視民主作為組成政府的良好手段，而非目標，所以在過程當中產生不盡善之處時，雙方仍能達成妥協。

西方文明視民主為建立有效政府的原則，這些政治哲學也隨著西方國家在近代的強勢而傳播到世界各地，被奉為象徵進步的價值觀。

至此，西方文明和其他民族的人們，雖然都在說「民主」二字，但其內涵對於他們已經是有差別的。一個視之為原則，另一個視之為價值觀。這個差別也影響了日後設計制度之路。西方文明的國家，因為經歷過不斷的探索調整，所以整套制度內容很充實，包括硬體、軟體、文化等等，能夠配合本身社會特點，具有很強的操作性。而對於其他文明的社會，因為是直接移植別國的經驗，所以更容易流於形式化，對於真實的操作內容，有時反而不一定很清楚，也或許未能配合自身的社會和文化結構。

對東方文明的亞洲國家來說，文明的內涵在較大程度是對人文精神的追求。相對於西方文明工具主義的實用性，東方文明下的人們把民主作為價值觀去理解，所以對民主的理念，更顯示出一種對追求真理的態度，民主變成了追求的目標本身。

人們對待原則和價值觀是有分別的。合乎原則的運作和制度設計，是有討論空間的。可是事物一旦被提升到價值觀層面和目標本身，要產生妥協便非常困難。例如美國在2000年，小布殊和戈爾的總統選舉當中產生了爭拗，其中甚至涉及制度問題，但雙方仍然能夠接受通過司法判決平息事件。而一些亞洲經驗，例如在泰國和台灣等，處理類似問題時便沒那麼順暢了，社會成本也更高。這正反映不同文明對理解民主的差異。

民主是普世的，但我們要真正明白的是其非常實用的內涵，而不只是崇高的口號。

# ──亨廷頓論民主三部曲──

關於民主和民主化的問題，美國政治學權威學者塞繆爾·亨廷頓（Samuel P. Huntington）曾經作過大量研究。其中涉及一個基礎問題：什麼是「民主」？亨廷頓的定義，主要源於他的三篇論述，包括〈會有更多國家成為民主國家嗎？〉、《第三波：二十世紀後期民主化浪潮》和《第三波：二十年後看未來》。

根據清華大學法學院王博聞的總結，亨廷頓對於「民主」的定義，指的是「作為一種政體的民主概念」，即程序上是否民主的問題。具體而言，即「集體決策者是否通過公平、誠實和定期的選舉產生，在這種選舉中候選人可以自由地競爭選票，並且基本上所有的成年人都可以參加選舉」。而投票選舉的兩個核心內涵，則包括「一個競爭性的投票」、以及「全體成年人的參與資格」，即普遍的選舉權。

在構建了競爭和參與選舉的形態要求之後，亨廷頓進一步提出選舉的性質，應該要「合乎誠實與公平的最低標準」，才能算得上是符合「民主的實質」。可是這種論述，則回到了古典理論對民主定義的老問題：人民意志裡的「誠實與公平的最低標準」是什麼？怎樣的選舉結果才符合「人民的意志」？

而在上述兩步（形態和性質）的基礎上，第三步則聚焦在實踐問題。他認為真正的民主實踐，其選舉結果理應不能有害於接下來的民主過程。即是說，真正的民主，是不會產生危害日後民主運行的選舉結果的。這便回到了他的整個研究核心：現代民主作為西方的產物，在多大程度上可以在非西方社會中扎根的問題。

「法治民主」是社會轉型的最重要成果。當中一個十分重要的元素，是程序正義的建立。

在一個沒有完成轉型的社會當中，政治訴求的爭奪，是通過各式各樣的群眾動員和政治手段來獲取支持的。而在轉型完成的法治社會，則擁有各式各樣的磨合界面來平衡各方訴求。當中的核心，是建立一個共同、量化、理性的利益評價標準，讓各方可以和平地進行訴求交換。只有擁有這個共同點，社會才有交換和共識的可能。因為理想、理念都不是可以妥協的媒介。

事實上，任何理想如果變成社會運動，都會產生一定的行為效應。例如美國在上世紀六、七十年代以前，流血暴亂事件並不罕見。那個年代便發生過白人激進革命派運動、反文化運動、美國婦女的反戰和平運動和新右派運動等等。可是由於社會群眾運動的風險很高，所以並不適合在已經完成轉型的社會當中運行。

因此在近代歷史上，在已經完成轉型的社會，群眾運動鮮有成功的例子。

回顧今次事件，以佔領作為爭取的手段。香港已經是一個轉型完成的法治社會，運動本身雖然能夠扮演著一種表達意願的功能，但卻無法符合法律精神，所以整個行為也無法獲得司法上的支持。在轉型完成的法治社會當中，嘗試使用非法治的方法去爭取訴求，而且還要在當中尋求符合法律合理性的論述（有關論者嘗試以公民抗命為切入點），在道理上必然會產生缺陷，變得不倫不類。這也解釋了為什麼運動會呈現膠著和不知去向的狀態。

在展示支持者民意力量的工具操作上，隨著親政府團體也開始組織大規模的遊行示威活動，建制派和泛民主派雙方日趨一致和成熟。例如在動員能力上，「香港大學民間全民投票計劃」擁有七十萬市民的支持，而「保普選，反佔中簽名運動」則獲得一百萬市民的參與，這都顯示出雙方背後的大規模組織能力。

這是民主化的必經過程。因為民主是一種精神，除了選舉制度之外，還需要有多個不同的軟件組合而成，包括政治團體顯示支持力量、有系統地進行支持者之間的利益整合、與不同意見者進行談判和討價還價、順暢和合理不過份地進行妥協並有效解釋給支持者等等。

其中背後支撐這些的，有兩個核心精神：守法和妥協精神。守法，讓這一切能夠有序地進行，不會因為討價還價的過程而影響社會的正常運作。妥協，讓一個不能夠滿足所有人所有訴求，但大家卻從中可以獲得部分滿足的政策有可能面世，因為兩個完全堅持己見的人是不可能走在一起的，這就是政治的核心：利益整合。

可惜今天的香港社會，正是缺乏了這兩種精神，所以最終把爭取訴求的過程，推向一種所謂的「騎劫式政治」模式，即用盡一切手段爭取自身的信仰。試想想，如果雙方不斷以公民抗命和違法活動進行對抗，那我們的社會將會變成什麼樣子。今天兩個陣營的投票、簽名和遊行示威活動，正顯示出社會有不同的聲音和訴求。因此只有堅持法治和學會妥協，建立起上述軟件配套，才能為香港帶來健康的民主。

引用清華大學劉瑜在《民主的細節》一書中所述：自由社會就是責任社會。黃仁宇在《地北天南敍古今》一書中也談及自由與權利和義務的關係。可見二者的必然關係是一個老生常談的道理。

是的，當我們生活在社會中，享受個人自由的同時，也要避免損害別人的自由，這就是我們對別人的責任。除非生活在《魯賓遜飄流記》中的荒島，否則我們就需要顧及別人的感受，而對別人的責任，往往以法規的形式表現。自由和法律約束總是相對稱的。所以在一個成熟的社會中，法律規範越完善，人們所能夠享受的自由也就越寬闊。這就是法治也可以是保護自由的道理。

一個社會的發展，正是不停地在個人和公眾權利間尋求平衡點的過程。在探討美國的政治歷史時，學者除了強調政治文化當中的個人主義內涵，也十分關心早期移民的公共責任觀念。中國在經歷了三十年主要是朝向自由主義方向的改革開放之後，近年也開始出現一些關於「新集體主義」的反思。

自從1970年代末期以來，隨著新自由主義的政治論述強調個人主義和自由，人們開始更加習慣只強調自己的自由。隨著資訊科技的發達和成熟，過去因科技水準而形成的壟斷逐步被打破，個人意識和個人主義的意識形態將會逐步強化。尋找新的平衡點的大課題已經放在我們面前。

不論如何，筆者相信一條原則：負責任地享受自由。因為一旦濫用自由，是很容易破壞別人對你的信任。

臨近政改諮詢期結束，「佔中」活動又再次受到關注。主辦方把這個活動冠以「公民抗命」的頭銜。究竟，什麼是公民抗命呢？

筆者認同「佔中」發起人內心有一份崇高的政治理想和個人的道德感，但這並不足以界定這類活動為公民抗命。公民抗命是一個嚴謹的學術定義，泛指公民憑著良心，對一些不合理的法律或規定，通過違法行為並承擔違法之後的法律後果，來喚醒社會的關注，從而達到廢除惡法的目的。例如美國的馬丁路德金和南非的曼德拉，針對當時關於種族歧視的不合理規定作出的對抗。顧名思義，抗命就是違抗不道德的命令。所以公民抗命有一個必要條件，就是一部希望被廢止的惡法。

關於這次佔領行動，是通過一種特定行為來展示實力和表達訴求，從而追求達到某一個政治理想和目標。這在政治生活中很正常，跟其他遊行示威等性質相同。然而這跟上述公民抗命的內容是有所不同的。一個是有目標地針對某個特定的、不合理的法律或規定，反抗的主體是清晰的。而佔領行動的目標，似乎更多是為了追求某種政治訴求。因此當我們説要公民抗命，首先需要弄清楚被抗的主體是什麼。

此外，以佔領行動爭取實現政治訴求亦應該守法，不然便需要負上違法的代價和懲罰。但更重要的，是不應該隨便套用一個嚴謹的學術名詞，雖然這樣能吸引社會的注意，但卻容易做成參與者的概念混淆，做法值得再三思。

關於立法會拉布事件，值得我們回顧一下2012年，梁國雄議員的替補機制司法覆核案件（HCAL64/2012），法院就立法會主席二讀辯論裁決，關於拉布權的判詞。

法院判詞指出，立法會主席的責任，是保障議員在動議辯論的過程當中，有充分表達意見和發言、說明觀點、進行辯論和爭取支持的時間。同時，主席也有責任維持會議的應有秩序和行為操守（Proper conduct of business）。

由此可見，法院認為的議員合理發言時間，是指能夠充分表達完畢自己的主張，而主席也有責任保護議員這部分的發言時間。至於充分表達意見之外的發言，則不在這個範圍之內，可由主席按照議會秩序和效率進行自由裁量 。

判詞更進一步說明，如果容許議員擁有所謂的拉布權（Right to filibuster），將使立法會因會議時間過長而喪失其應有的功能（Hijacked by a handful of legislators for an indefinite period of time），立法會便無法履行《基本法》第73條所賦予的憲政義務（Constitutional function under Article 73）。根據《基本法》第73條第一款和第75條第二款，對立法意圖的解釋，發言權不包括拉布權。

整個核心，是法律要保護議員有足夠時間完整表達意見，但不包括通過拖延時間來達到政治目的。保護議員的發言權，以及維持議會的應有和合適秩序，乃是立法會主席應有的憲政義務。

什麼是「公投」？使用「公投」有什麼條件和利弊？

「公投」是一項特別的法定制度，指針對一個特定議題，讓全體成員進行表決，以決定贊成或反對。通常由政府提出、憲法規定、作為政府某項政策的成立條件，以及法律上容許由一定數目的選民聯合啟動等四個途徑所引發。

之所以由全體成員以「公投」決定一個事項，因為該等事項往往針對國體地位問題，亦即是立國的契約內容。因此，有權舉行公投的，必然是符合國際法主體地位的主權國家、民族解放組織，以及反殖民地統治的原殖民地人民。這種權利賦予國際法主體內的每一個成員進行投票，以決定關乎該國際法主體的國體、政體、主權和地位安排。

也因此，對於其他國內問題，並不適用「公投」。除了因為主題不合適之外，也在很大程度上等同否定國內的原有機制。擁有「公投」權利的，應該只限於國際法主體的範圍。而且根據經驗，舉行「公投」必須要謹慎，因為這會削弱政府權威、造成社會分裂、損害小眾利益，同時這個制度也無法量度社會對某種立場的信奉程度。而面對複雜的政策選擇，一般選民也不容易作出完全理解的抉擇。

「公投」有點類似古代的直接民主，隨著代議制度的成熟，逐漸淡出歷史舞臺，直至1970年代再次受人們關注。歐洲一些國家舉行「公投」，以決定國家是否加入歐盟或歐洲單一貨幣區。因為這將涉及到改變國家主權的問題。還有一些歐洲國家，例如希臘和西班牙等國，在推翻原有政權之後，需要建立新的國家制度，所以也舉行了

「公投」以決定新的國體。

近者如2014年蘇格蘭舉行「公投」，決定其在大不列顛王國的地位安排，是因為蘇格蘭和英格蘭，本來是通過兩個獨立王國合併而組成的統一國家。另外，加拿大魁北克省也曾經就獨立問題進行「公投」。這是因為魁北克當年加入加拿大聯邦時，包含該省可以隨時獨立的條件。即是說，魁北克省就脫離加拿大獨立的「公投」，是基於當年加入加拿大時的制度安排而進行的。事實上，除了魁北克省之外，作為單一制國家的加拿大，其他省份都沒有權利舉行「公投」以決定獨立問題。

統計上世紀從1900至1980年關於世界各地舉行「公投」的情況，歐洲國家佔了最高比例，約有42%。（瑞士除外，因為該國有強烈的直接民主傳統，而且人口少、政府機制簡單，所以較其他國家更經常舉行全民投票。）其次為非洲及中東，佔約22%。之後依次是澳洲、美洲和亞洲。至於議題方面，除了澳洲之外，大多數議題均涉及對新政權或新憲法的認可。至於澳洲的全部和歐洲國家的另一重要議題，是關於憲法的重大修訂。除此以外，還主要有領土問題，以及少量認可重大立法或政策等事項。這些例子基本說明了「公投」的用處、性質和特點。

2014年，克里米亞舉行公投，以決定是留在烏克蘭，還是加入俄羅斯。筆者藉此介紹一下這種歷史悠久的政治決策手段。

1970年代，歐洲不少國家曾經舉行公投，因為這些國家需要決定是否加入新建立的「歐洲經濟共同體」（EEC）。而希臘和西班牙也曾經通過公投確立憲政制度。在英國和加拿大，公投也曾經用來解決一些地區分離主義的爭論。但要說舉行公投最多的地方，算是美國的一些西部州分和瑞士。英國的首次公投，則是在1975年進行的。

從這些公投經驗分析，公投的議題比較多是針對：（一）一個國家的國體，例如是否加入某個超國家體制；（二）正在設計一個新的政體。

這一次克里米亞公投便屬於上述這一類。該地區一直存在著地位歸屬的爭議，因為克里米亞是俄羅斯在上世紀五十年代，因著前蘇聯的緣故劃歸烏克蘭的。這種俄羅斯和烏克蘭從同為前蘇聯加盟共和國的關係，過渡到今天作為兩個獨立國家的關係，成為了這次主張以公投決定克里米亞歸屬的人士的主要法律基礎。

這些國家之所以要以公投來決定國體問題，是由於正在面臨的，是選擇是否改變國家的主權這樣一個立國的根本問題。加入歐共體，意味著可能要讓出部分國家權力。脫烏入俄，則代表克里米亞自治共和國國家主權的根源產生變化。

事實上，公投是一個十分嚴謹的政治程序，要符合很多條件才能夠進行。其中最核心的，是什麼議題適合公投？

根據一項1970年代末期的統計，在243個國家實行過的公投項目當中，針對確認新政權或者新憲法的議題，佔了超過六成。如果加上修改憲法的，更超過八成。另一個統計了14個歐洲國家自1900年至1970年代公投議題的資料，也顯示出接近的結果。該統計表明，關於國體問題，包括結束帝制、確立新憲法和改變憲制基制這三項議題，便佔了三成左右。這是因為制定憲法和是否確認新政權，是國家決定政體的問題。

組成國家和建立政府的權力屬於全體人民，交由當時的全體人民去決定是適合的做法。可是隨著政府的建立和代議制度的產生，人民手中的部分權力便交由從事政治專業的人士去運用。社會的分工，減少了全體市民對每個決策都要親自參與的需要。

當然也有一些公投議題是針對重要政策的，其中以瑞士運用得最多，這跟瑞士獨有的政治制度和傳統有關。可是這種決策模式在大多數國家都沒法輕易進行。

事實上，公投在現代社會也可能出現一些問題，例如容易造成弱化政府、市民不容易完全理解政策背景因而無法做出合適決定、減少社會達成共識的機會從而導致分化、危害弱勢群體的權利等等。

姑勿論如何，每個制度都有好壞。重點是能夠用在適當和合理的地方，例如應該由全體人民決定的國體或政體議題。因此公投是一個嚴謹的政治決策制度，不宜輕言或胡亂提出。

政治符號對於每一個政治行為，都起著非常關鍵的社會投放作用。一方面是合法化（Legitimacy）和合理化行為本身，另一方面也是凝聚力量和吸引大眾參與的手段。製造符號的過程，實際上就是對事情構建一個新的詮釋文本。這次「佔中」事件為我們在這方面的研究，提供了一些很好的素材。

從幾個關鍵論述入手分析：事件的口號是「愛與和平」，當中「愛」所代表的是幸福感、「和平」則回答著「解決風險」的擔憂。整個構建要帶出的，就是「在低風險的狀態下，追逐幸福感」這個理想。因為在事件發生之前，被人質疑得最多的，是行為本身的違法性會導致參與者被起訴、判刑，甚至是留有案底，這個論述實際上就是對這些擔憂進行回應。而事件發起人在過程當中多次強調，判刑會因為行為的公義性而被酌情降低，也一直符合這個論述的精神。

此外，「佔領」代表著控制力、「留守」（佔領區）表現著一種堅毅不屈的勇氣和道義、「自己」（擇自「香港的事自己決定」的論述）則帶出一份主宰能力和使命感。這些符號要散發出的，其實是一種英雄主義和正義感。在網絡世界成長起來的一代，虛擬空間的英雄感很強，這次正是將虛擬世界的那種感覺帶到現實中來，在現實世界中實踐了締造歷史、擔當領袖的感覺。隨之而來的，還有在通過比較跟政府對立而產生的被壓迫感當中，所構建的例如「罷課無罪，有理正義」等一類語意學的構建。

「佔中」事件組織者除了構建針對行為本身的政治符號之外，也有針對政治論述的符號構建。最典型的有「真」

普選、國際「標準」、反對「門檻」等，要帶出的是一種「什麼是正確」的論述，告訴大眾「這是方向」。

至此，整個政治符號包括了知識、良知、生活、社會公益性（例如合法、合理、道德）等多元的立體層面，基本上把所有關鍵字詞全包含在內，然後再延伸成行為聯動。

這種對事物新的詮釋文本，所帶出的是價值取向，從而逐步昇華為一種信仰。其實另一邊廂，政府也有嘗試構建這種符號，最主要的論述包括法治、回歸帶來的歸屬感，以及對國家發展的信心等，可是效果並不明顯。

在構建政治符號上，美國可以説是最成功的國家。當大家説到美國，便會不由自主地想起「民主」、「自由」這些「美國夢」，好像美國就是這些信仰的代表。美國在構建這些符號時，包含了高深理論的政治論述、高層次的政府宣傳，以及大眾化和社會化的傳播，例如可能是大家最熟悉的荷里活電影當中，就經常軟性地帶出這些信息。另外，新興的互聯網對年輕人的意識傳播，則取代了其他傳統媒介。

扮演政治符號構建者之所以重要，是因為論者往往能夠享有評判權，定義什麼是符合其標準。一旦被論者定義為不符合標準的人和事，都可以輕易被否定和貶低。這並不在於理據的比較，而是誰處於社會化的主導地位。

很多人只是把焦點放在符號上，但對其內在的含義卻未有探究。

「非暴力抗爭」手段之所以被國際政治所重視，主要是這種使用小規模社會動盪和民眾痛苦而推行的不流血運動，已經成功顛覆了多個政權，甚至被視為是一種從內而起的不可防禦的實踐範例。

而運動一般帶有強烈疑是外國力量的參與。例如在中東國家巴林，當地所發生的連串反政府運動，正是在國際力量的支持下被該國軍隊鎮壓，少數沒有成功的同類個案。此外，對「和平演變」理論的研究，源自上世紀五十年代，本來就是美國在冷戰格局下，針對如何推翻不同意識形態「敵對」國家的戰略研究。「非暴力抗爭」作為其一個具體的集大成方法理論，更是一個成本相對低廉的國際政治工具，自然受到各方面的重視。

「非暴力抗爭」有幾個重要主張，包括會建立鮮明的運動符號以凝聚力量和支持、運動具有多個讓局勢逐漸升級的階段、打破一個社會原有的底線和權威（例如政治人物、法律等）、鼓勵社會大眾拒絕現有政權（例如政府政策、拒絕納稅等，又稱為「公民不服從」）、搶佔道德高地（一般先以國內問題，例如經濟困難為運動合理性的起點，然後通過成功刺激當局使用武力，強化自身的道德位置）。

而從多次顏色革命的過程顯示，要進行這些運動，還需要一些外在的客觀條件，包括該社會對自身意識形態的普遍不認同、該地方自身的內在治理出現問題，以及成熟的互聯網媒體等等。

「非暴力抗爭」經常伴隨著「顏色革命」而出現。究竟這些名字代表著什麼意思和意義呢？

所謂「顏色革命」，又稱為「花朵革命」，以在運動過程中選擇一種特定顏色、或者花朵，甚或是其他標誌性代表物而命名。它泛指自1920年代開始，發生在中亞和東歐國家，以非暴力抗爭的方式進行，目標是要實現更迭政權的一系列運動。其中比較出名的，包括格魯吉亞的玫瑰革命、烏克蘭的栗子花革命（又稱橙色革命，因為栗子花是橙色的，是烏克蘭首都基輔的市花）、伊拉克的紫色革命（伊拉克市民選舉是以紫色墨水按手印進行）、黎巴嫩的雪松革命（雪松為黎巴嫩的國樹）、吉爾吉斯的鬱金香革命〔又稱黃色革命、檸檬革命，吉爾吉斯首都市花是黃色（檸檬色）的迎春花〕、緬甸的番紅花革命（又稱袈裟紅革命）、伊朗的綠色革命、突尼西亞的茉莉花革命（茉莉花為該國國花）等等。

進行顏色革命時，背後所依賴的方法，主要來源於「非暴力抗爭理論」。因此可以說，顏色革命是非暴力抗爭的成果。這個概念，最早是由美國愛因斯坦研究所的資深政治學者吉恩．夏普（Gene Sharp）所提出，主要宣導非暴力抗爭和公民不服從。他的理論，可以說是集自上世紀五十年代起，關於和平演變理論研究的大成，內容涵蓋通過意識形態、文化、貿易、貸款等手段，去改變一個政權的方法。

社會群眾運動步向抗爭，是歷史上各次同類事件的必然走向。這方面的主要理論者包括法國社會心理學家古斯塔夫．勒龐〔Gustave Le Bon，其著作有《烏合之眾：大眾心理研究》，《Psychologie des foules》（法文），《The Crowd: A Study of the Popular Mind》（英文譯版）〕、法國工團主義者喬治．索雷爾 （Georges Sorel）、反殖民主義鬥爭者法農（Franz Fanon）和薩特（Jean-Paul Sartre）等人的研究和主張影響力最為深遠。

事實上，隨著社會群眾運動的持續和發酵，抗爭化可以説是必經的步驟，其中區別主要在於參與者所接受和使用的暴力程度，這是正常的發展過程。

第一次世界大戰前後是有關理論的轉折點。自那之後，群眾運動出現暴力行為被合理化，因為那被認為是動員和激勵的力量。在那之前，行使暴力行為者只會被認為是群眾中出格的部分，並不具備運動的合理性。

這種爭論，也反映在香港的「佔領」事件。這就涉及勒龐所分析的社會群眾運動的另一些特徵，包括強化集體心理和情緒、弱化參與者個性，以及追隨群眾領袖的心態等等。參與者的心路歷程，對於抗爭對象，即現行體制逐步形成否定立場。相對於開始時主張坐以待捕（一種服從現有秩序的表現），當群眾與對手的抗爭加劇時，其自身的正義感必然會形成對手的不道德地位，從而質疑對手的合法性。既然對手是存在合法性問題，那就沒有理由依從對手定下的制度而行事。

其中一位「佔中」發起人在電視的訪問中表示，後來的形勢沒理由要求他們承擔全部責任，這樣的態度對上述的發展可見一斑。包括發起人在內的整個群眾運動參與者的心態已經被運動牽引而改變。群眾運動的持續，會形成兩個主要社會改變：因否定而不依從既有規則，以及形成所謂的「敵我關係」。

運動的持續，會形成一種自我生長的能量，把具有持份者感覺的人群吸引進去，形成社會步向勒龐説法的特徵發展。這是一種否定原有社會秩序的新抗爭秩序觀的逐漸形成。因此暴力的角色被合理化，對待暴力的態度，也將由平息和遏制，演化成視之為動力，並逐步升級，這是索雷爾的主張。

## ——群暴運動的四類結果——

當群眾運動暴力化之後，根據各地歷史經驗，通常會出現四類可能結果。

第一類是成功進行革命，推翻現政權。引用勒龐所說的，就是開啟一個新時代。近年的顏色革命，以及1990年代初當前蘇聯瓦解之後，部分前加盟共和國和東歐國家，便屬於這類模式。這通常發生在新生國家和處於轉型期的社會或政治環境，局勢本身不穩。這實際上是一種各股力量通過武力展示博弈能量的做法。

第二類是遭到政府武力清場。例如美國和歐洲多國經常發生的街頭群眾暴動事件。這類情況一般發生在政治和社會已經完成轉型的國家，這些國家本身已有足夠的法治環境制止激烈行為、政治系統中有足夠的利益整合平臺，以及意識形態統一的社會。因為文明政治模式為社會上大多數市民接受，所以運動規模無法擴大，運動只成小眾人的事件。而之後政府會視乎運動的能量大小和社會訴求，決定回應的政策力度。

第三類是運動本身跟政治團體有密切關係，有能力在適當的時機自行結束，並借此轉化成其他形式的政治能量，使運動本身成為了一次重大的政治動員。最近期的例子有2014年初在台灣發生的「太陽花運動」，轉化成為民進黨的競選政治能量，是該黨在同年11月舉行的「九合一」大選中的一大助力。發生條件是需要有成熟的政治操作技巧和組織力，例如政黨在背後的運作支持（例如「太陽花運動」的多位核心成員，均疑與蔡英文基金會有關係）。

第四類是事件被驅散，但卻化作連年的暴動，經典例子如1980代的韓國和波蘭。這需要有長期存在、組織力強的機構推動，例如工會。而且還需要獲得社會的普遍同情、容忍，甚至支援。此類情況一般會持續十年左右，直至轉化為上述第一或第二種模式。這一般發生在相對文明的社會，但卻存在著一些嚴重的例如民主化、法治化等意識形態和價值觀議題的爭執。

事件的規模、成敗和效果，除了受當地社會反應的影響之外，也有幾個主觀因素：（一）包括組織者的嚴密性和是否有政治團體的介入，這直接決定了組織能力；（二）事件的目標是否具體明確，因為越明確，訴求自然更聚焦清晰；（三）是否有外國支援，這主要涉及承認、資金及國際輿論支持和經驗傳達等方面；（四）最後還有沒有意識形態之爭，因為這是很強的凝聚力量。

綜上所述，暴力社會運動能否取得效果，跟轉型社會的概念有密切關係。在轉型成功的社會中，這類運動是鮮有成功例子的。簡單來說，群眾運動的政治模式無法在已經轉型成功的社會當中運作，因為個人和社會風險都太高。在個人層面，已經有完善的法律制裁機制；對社會來說，則容易衝擊獲普遍認同的既有秩序和構建。

香港是一個早就完成了轉型的法治社會。這一點決定了「佔中」運動向暴力化發展的成敗。

# 選舉

在選舉制度上，究竟有沒有國際標準呢？

追溯根源，我們進一步研讀《公民權利和政治權利國際公約》第25條，關於普選的原則內容，其中最核心的用字，應該是對「平等」的要求。事實上，只有做到人人平等，選舉才有可能做到公平、公正。

可是平等還是很抽象的概念，應該如何落到實處呢？筆者認為，選舉制度是有國際標準的。這些標準必須是具體、可操作、可量度評核的，因為只有這樣，才可以通過實踐、比較和各國驗證而成為國際認同的標準。一些務虛的口號，對我們設計制度幫助也不大。

以平等作為基礎，結合該條文內容、歷史實踐和政治學研究成果，真正普及、具操作性和可科學評核的國際標準，應該包括以下幾項：（一）秘密投票，讓各人可以完全自由地表達意向和作出選擇；（二）各票價值和效力相同；（三）各人擁有的票數相等，例如一人一票甚或每人兩票。（四）投票前不可能預知結果。

除上述外，再加上「少數服從多數」的原則，便組成了國際經驗對選舉制度的標準。

通過建立選舉制度來達到民主的目的，除了要有硬體的制度建設之外，軟件文化的社會共識也是必不可少的。

為什麼選舉制度在有些地方能夠順利運作，有些卻不行呢？原因有很多，但當地社會對於身份認同和意識形態是否已經有鞏固的共識，是一個關鍵。

選舉最重要的精神，是讓選民能夠有所選擇。而參加選舉的政黨，為了要讓自己和別的政黨區分出來，就會提出不同的主張和建立不同的形象。而他們所提出的主張，必然是社會上有一定比例選民會認同的，否則便沒法爭取選票。在一個對這些問題沒有強烈共識的社會當中，自然會有些選民持有不同的取向，這便是政黨有可能爭取的潛在選票。為了獲得選民的支持，政黨會提出符合他們訴求的主張。這發展到一定程度之後，一些主張相近的政黨更會提出更加激烈的主張，以爭取當中激進支持者的支持。這樣，整個政治光譜就會被拉闊了，向激進主張擴展，選民和政黨互相推進更激烈的訴求，形成雪球效應。

台灣是這種發展模式的例子。早期的民進黨並沒有十分強烈的台獨主張。可是這個新興的政黨為了向選民提出自己與國民黨不同的定位，便以台灣的本土意識作為切入點，提出台獨主張，作為和國民黨「中國主張」所不同的政黨定位。之後出現的「台聯」，就是與同為台獨陣營的綠營中，為了爭取激進派的支持而出現的政黨，其定位要比民進黨更加激烈。

「台聯」的出現，拉闊了台灣有關台獨議題的政治光譜，也促進了極端台獨力量在政治舞臺上的力量。另外不少東歐的前蘇聯加盟共和國，也面對相似的內部爭議。在身份認同方面，該地區存在著混亂的東斯拉夫不同族裔居民。至於意識形態之爭，自1990年代以後，便有加入美歐還是俄羅斯陣營的重要爭論點。區域內已有不少國家加入了北大西洋公約組織和歐盟，也有一些選擇繼續親俄羅斯，例如獨立國家聯合體的成員國。這種鬥爭也在一定程度上助長了該地區顏色革命的出現。

其實政黨提出市民所希望的訴求是應有之義。只是社會如果缺少對身份認同和意識形態的共識，選舉便容易把社會撕裂，導致一些不穩定因素。同時，沒有共識的社會也更容易促使極端主義的出現。因為在一些主流社會未有定論的問題上，不管是議題的內容本身還是爭取手段，都存在更多的探索空間。

事實上，選舉制度運作得比較順暢的地方，不同政黨之間的主張，都沒有涉及太多關於該社會的內部意識形態和身份認同的內容，而主要集中在經濟和民生政策等方面。看一些國際經驗，大部分西歐國家推行選舉時，基本上已經是成熟的民族國家，身份認同的爭議早就過去了。相反在東歐和非洲的一些國家，選舉制度建立時仍然面對領土、身份、部落等的鬥爭，選舉便容易成為這些鬥爭的延伸。

身份認同和意識形態是立國之本。從這些經驗表明，在建立選舉制度之前形成共識，對社會穩定和制度的順利落實至關重要。

政改爭議的其中一個焦點，是有意參選行政長官的人士，需要先經過提名委員會甄選通過，才能成為候選人。持反對意見者認為，這違反了民意的充分表達。

其實甄選候選人的過程，在世界各地很多地方的選舉當中都是存在的。例如在美國，主要的總統候選人一般由民主和共和兩黨提名參選，然後給全國選民投票選擇。而代表兩黨的候選人，在獲得提名之前，都需要先經過黨內投票才能產生出來。一般的選民是沒有機會參與黨內階段的決策過程。如果有興趣參與的人士，便需要加入政黨，成為黨員之後，就有權對誰能成為候選人作出甄選。

美國和香港建議中的甄選過程的制度設計，在理念層面上有很大區別。美國是把這個過程放在硬制度之外，由軟制度來運作，即是說，不是由選舉制度本身來規定，而是由政黨的具體運作來負責這個環節。這個情況，跟美國選舉歷史的發展有密切關係。因為整套制度是經過長時間的逐步演變而成，所以各個環節，特別是選舉制度和政黨的磨合，都配合得比較順暢。

至於在香港，則是通過《基本法》從上而下來推出整套選舉系統。在設計上，是無法通過法律來規定政黨等軟制度的形態該如何發展。除此以外，香港政制的背後理念，有很強烈排斥行政長官擁有政黨背景的政治邏輯。所以在設計上，也不主張把這些環節交由政黨來運作。因此在美國由政黨（軟制度）來完成的環節，在香港的體制下，便主張交由選舉制度（硬制度）本身來完成。

在實際的政治操作層面，通過制度或政黨進行前期程序，其實是具有相似性的。包括甄選出少量（數位）候選人供全體選民選擇，避免了候選人過多而造成高昂的社會成本，以及可能出現的流選情況。讓整個系統通過不同階段來進行，使運作更加可行。回過頭來説，如果任何人士有興趣參與甄選候選人的政治活動，在美國是加入政黨，而在香港則是參選成為提名委員會的委員。

事實上，美國的制度能夠相對完美地協調了精英政治和全體選民意志。在總統大選初選的過程中，政黨元老和贊助者（俗稱金主）在推舉數名參選人時，發揮著很大的影響。之後再經黨內投票選出一個候選人出戰。

當然，美國的模式也有局限。這主要體現在巨大的競選經費，成為一種財富門檻，使一般市民無法參與，逐漸形成經費多的候選人，勝出的機會也比較高的趨勢。以奧巴馬在第一屆競選時的支出為例，開支是大約7.4億美元。兩黨的競選經費從1940至1984年間，上升了約四十倍，在1980年那一屆達到了十億美元左右。

設計各種甄選制度時，無可避免要選擇一個平衡點：我們願意取什麼，以及付出什麼成本。美國模式是選擇了強化制度外的政黨成長，成本是高昂的經費。香港提議中的模式是把更多環節納入制度之內，成本則是如何平衡各股政治力量，落實均衡參與。

從1980年代初開始，針對拉丁美洲國家發生的經濟危機，國際貨幣基金組織和世界銀行共同推出了一系列的改革，包括大幅度地進行經濟自由化、國有資產私有化，以及在財政和金融方面採取強硬措施。這類型的改革方向被統稱為所謂的「休克療法」理論。

這一套改革方法在玻利維亞等國治理惡性通貨膨脹、緩解債務危機、穩定宏觀經濟等方面發揮了積極作用，被稱為南美奇跡。國際貨幣基金組織和世界銀行因此大力推廣這種改革方向，應用到東歐和俄羅斯的經濟轉軌當中，可是卻沒有取得預期的成功。例如俄羅斯在經過多年艱苦過渡到市場經濟框架後，經濟狀況卻仍然困難。

其中一些反思認為，這套改革方法滲入了西方國家的政治意識形態，使接受改革目標的國家，需要同時間接受自由經濟和普選制度。可是欠發達經濟體的經濟自由化，往往容易導致財富分配的兩極化。這樣便形成了少數人擁有社會的大部分財富，而多數人擁有選票的局面。最終形成一種不可調和的矛盾，帶來社會不穩，經濟發展自然受到負面影響。

論者認為，這二者在發達國家也並非同時推行的。這些國家都是先發展經濟，然後推出社會福利政策幫助低收入人士，然後再進行普選改革。因此對發展中國家來說，這種扁平化的改革模式，是治理問題和政治社會混亂的源頭。也由此帶出發達國家對欠發達國家經濟再殖民的論述，以及國際局勢當中的「南北國家」關係問題。

選舉制度要有效運作，有兩個前提條件，包括選民對候選人擁有完整瞭解，以及選民是以理性作出選擇的。可是由於現代社會的龐大規模，大眾一般只能夠通過大眾傳媒，以及選舉辯論等競選活動來認識候選人。在此基礎下，這些前設並不容易實現，因而影響到選舉制度的效果。

選舉制度的其中一個目標，是凝聚社會對政治領袖的認受性。可是從各地民眾對領導人在選舉之後的民意支持率，一般呈現出急速下滑的走勢來看，這個目標似乎並不容易實現。環顧現在世界各地民選領袖的民意支持率，都從選舉時的高位急速下滑，如果能保持有50%，已經算是非常成功了。而且這種高支持率的「蜜月期」更是越來越短。

例如現任美國總統奧巴馬，他的兩個任期當選得票率大約是52%，支持率最低曾經跌至39%。至於台灣的馬英九，兩個任期當選得票率分別為76%和51%左右，目前有一些統計的最低支持率為大約10%。不管走勢如何，都呈現出迅速下滑的跡象，全世界普遍如是。

這裡有兩個可能的解釋。第一，在政治人物正式就任之後，他們能力的真實水準才有機會更如實地反映出來，讓社會完整瞭解。第二，由於在資訊不完整的情況下，通過媒體認識候選人，便容易夾雜了很多對候選人的形象和印象因素，而這些條件都是可以快速地被厭棄的。

實行選舉制度的其中一個目標，是希望通過選票凝聚社會共識。可是在各國的實踐當中，候選人的低得票率和選民的低投票率，往往容易削弱了選舉的這個功能。

在2010年進行的法國總統選舉，爭取連任的薩爾科齊和挑戰者奧朗德在第一輪投票分別獲得27%和28%的得票率。在第二輪投票中，奧朗德最終以52%左右的得票率勝出。美國現任總統奧巴馬的兩個任期選舉得票率，分別為53%和51%左右。德國現任總理默克爾是該國二十多年來獲得最高得票率的一位，她在2013年的連任選舉中，獲得41%的得票率。這些例子中間固然有政治制度的分別，例如議會和總統制選舉，在政黨和候選人數量上都有不同，但可見50%左右，即大概獲得社會一半的支持成功當選，是比較普遍的常態。

至於投票率方面，在大部分成熟的實行選舉制度的國家，投票率自1960年代以來，普遍呈現出下跌的趨勢。例如2014年的歐洲議會投票率為大約43%，各國平均長時間大概均低於50%。至於歐洲各國國內選舉的投票率，一般則會相對較高，例如法國和德國現屆（2014年）政府的選舉，均達到70%以上。另外在2014年剛舉行過國會選舉的日本，眾議院小選區投票率為53%左右，創下二戰後大選的最低紀錄。而該國上一次的2012年眾議院選舉投票率，小選區與比例代表選區投票率分別為59%左右。至於參議院選舉的最低投票率，則是1995年的44%。

投票率偏低會削弱政府的認受性和凝聚社會共識的能力。其中導致的原因，可能跟社會對政府期望下降、政治冷感、沒有合心意候選人、對現政府感到滿意、心儀的候選人有很大或很小獲勝機會等等因素。

為了應付這個問題，有些地方實行強制投票，即是說由法律規定合資格的市民必須投票，否則便屬違法。例如澳洲，投票率也因而曾經達到90%以上。可是這個安排，容易被批評違反人權，剝削了選民利用不投票來表達意願的可能性。另外，近年來歐洲傳統政黨的得票率也在下跌，選票流向了主要集中關注民生、少接觸政治議題的新興小政黨，這其實也在反映出選民的某一種不認同既有狀態的取向。

同樣地，如果候選人只能夠以低得票率當選，其認受性便容易成疑。不少地方的候選人，其實均以大約50%的得票率當選。這樣意味著社會上有一半的人未必能夠認同他，而只是因為出於遵守選舉遊戲規則而接受。這種狀況也可能因為各自支持自己心儀的候選人而激化，容易導致社會的分裂，特別是在一些社會發展和選舉規則還不太成熟的地方。為此，有些國家的做法是進行兩輪選舉，給予選民兩次選擇的機會，期望以此來凝聚較大的共識。

低投票和低得票率被視為不理想的狀況，其成因與解決辦法已引起了很多討論和反思。

# 「一國兩制」

「一國兩制」是指資本主義和社會主義共存在一國之內，通過各自的體制推動發展和經濟。通過1980年代對「一國兩制」和「再認識運動」構建的政治理論，兩種主義在中國的語境下，被排除意識形態的元素，降格成為一種發展工具的選擇，核心主軸是經濟發展。根據這個理念往下發展，回歸50年之後，根據鄧小平對經濟發展的預測，香港和內地在發展水準上已經不會存在明顯的差別，兩地便自然而然地會選擇更加良好的社會運作工具、或是摸索出一種新的社會模式。這是建基於經濟發展所作出的政治預測。

2047年是香港回歸50周年，2049年則是中國建國100周年，兩條時間線實際上是吻合的。鄧小平對於為什麼是50年，有什麼根據，其解釋是：「中國要真正發達起來，接近而不是說超過發達國家，那還需要30年到50年的時間。如果說在本世紀（20世紀）內我們需要實行開放政策，那麼在下個世紀前50年內中國要接近發達國家水準」，「如果開放政策在下一個世紀前50年不變，那麼到了後50年，我們同國際上的經濟交往更加頻繁，更加相互依賴，更加不可分，開放政策就更不會變了。」可見，50年不變的理念是要結合全國發展的思路來理解的。只有到內地也發展起來，回歸和現代化的路線圖才算基本完成。而在這個過程中，香港的應有角色，被他視作為內地發展的指標和參考 。

社會各界對於高度自治權的範圍、中央對香港管治的角色等問題，在回歸十多年後的今天仍然爭論不休，其中主要原因，是對於「主權」、「治權」和「授權」的概念並不清晰。

主權是指一個國家，對於領土範圍內擁有完整和全部的權力。在《基本法》當中，這方面的表述出現在序言部分：中華人民共和國政府於1997年7月1日恢復對香港行使主權。從法理上説，就是中國對香港擁有全部的權力。

考慮到香港和內地的不同情況，所以設立了特別行政區。中央把部分權力授予特區政府行使執行，這就出現了「授權」的概念。而這授權的內容，主要針對一些地方相關的管治權力（即「治權」），例如經濟、發展、治安等內部事務。

而《基本法》當中，也清楚列明了一些與管治香港相關的治權，是由中央自己負責，不作授權，這就是國防和外交。

當2014年的國務院白皮書公佈説中央對香港擁有「全面管治權」，有些人士擔心中央要損害屬於已經授權給特區政府的自治範圍事務，因為授予了就是我的，中央的主張是超越了《基本法》的規定。可是內地法理學界則認為，授權的概念是我不行使給了你行使，但這並不影響對原來權力的擁有。依此，中央仍然擁有對香港的主權，而由於主權的不可切割性質，所以相應的所有權力也不可能改變。這種認知上的矛盾，正是因為對主權和治權的性質，以及授權行為的理解不夠深入所致。

國務院公佈的白皮書中，有關法官的「治港者」身份的討論，看似十分重要，其實又有點無厘頭。這反映香港和內地文化和學術上的重大差異，又嚴重缺乏有效溝通。

白皮書提及，「各級法院法官和其他司法人員等在內的治港者，肩負正確理解和貫徹執行香港《基本法》的責任，承擔維護國家主權、安全、發展利益，保持香港長期繁榮穩定的職責。」香港司法界和中央文件，其實是站在兩個不同的平臺上説話。香港司法界從關心司法運作的角度看，當然需要極力保護司法獨立，確保審判的公正性，避免法庭運作受干擾。反觀中央文件則是從政治學的角度來描述這個制度安排，難怪雙方出現爭辯但又毫無交流。

從政治學的角度來看，政治體制包含了行政、立法和司法三個組成部分。三者的特性是不同的：行政機關，即我們狹義上所説的政府，除了以民主方法組成決策層之外，還追求公務員隊伍的專業和效率；立法機關強調代議士的角色，是民主和代表市民利益的體現；司法機關則必須由專業法官獨立進行審判工作。三者各司其職，又互相制衡，服務社會。

當代政治體制的誕生，以民族國家為基本根源。各國行使政治權力的機構所擁有的權力，均來源於國家主權。當國家建立，對領土之內的主權獲得確定後，有的政治體制便把這種權力直接分立給行政、立法和司法三個部門來分別行使，例如美國實行三權分立制度。

另外也有的國家分立成兩部分，例如英國，分別是：（一）立法加行政；（二）司法權。英國的現代國家主權由王權延伸，17世紀末的光榮革命使立法和行政權從英王轉移到議會手上。所以今天的英國下議院既行使立法權，也由獲取議席最多的政黨組成行政機關的決策層。至於司法權，則從案件上訴至英王會同樞密院的傳統，發展至樞密院司法委員會作為對大部分案件的實質終審機構。

至於中華人民共和國的全國人民代表大會和2005年修憲之前的中華民國國民大會制度，則是直接把國家主權整體交由議會行使。從這個意義來看，對國家或國家法治化所表現的、作為權力來源的憲法宣誓效忠，理念就是要求行使公權力者，對盡責合理地行使國家和人民賦予他們的權力作出承諾，具體表現為日常的行政、立法和司法權力。所以大部分國家都有規定行政首長、立法機關議員和法官上任時，進行這種宣誓。這對於尊重廣義的政府身份、國家作為這些權力的來源，以及權力安排的結構來說，都是合理的。

香港法律界表達如何行使司法權的原則，這是必須的。因為司法獨立是彰顯公義，也是香港賴以成功的關鍵。至於白皮書則說明制度安排，並未涉及如何執行的問題。二者是風馬牛不相及。其實雙方表述的都是正確，而且需要堅持。現在的誤會，根本可以通過理性和互信的交流去釐清。

中央公佈對香港的白皮書激起千層浪，其中說到「全面管治權」更是觸動了很多香港市民的神經。

筆者有機會認識內地的法學界，比較明白這真是一種文化衝突。筆者以香港社會習慣的角度來看，明白一部分香港人即使同意箇中道理，但就是這個說法讓人感到很不舒服。其實這個詞語背後要表達的，是中央具有對香港的主權。當然從主權的角度來分析，主權是不可能分割的，即是不可能說一個國家的主權在某一些地方適用但卻在另一些領土範圍內不適用。這一點在《基本法》的序言部分也有相關表述。

想成功落實「一國兩制」，理所當然需要先確定主權，然後才有權力去建立「兩制」和任何其他制度，這個道理其實很多人都能夠明白。不過如果要有效實踐鄧小平提出「一國兩制」的理念，即如何充分利用兩制長處來建立更好的一國，第一步就是要相互明白兩制之間的不同、雙方的優缺點，建立相互的交流和融合；然後建立一種雙方接受的默契和共識；最後便是互相吸收學習，優化自身的制度，使之成為一種超越意識形態的新制度設計。

在兩種制度相互面對同一個地方的管治原則而接觸時，衝突是十分正常的。可是現在這種衝突因為夾雜著太多其他因素而變得比原來估計的要大得多，甚至逐漸超越了可管控的風險範圍。雙方的認識融合就被鎖住在這個環節了。

對內地來說，香港是很好的學習場地。再想想過去兩地交往多年，香港文化對內地的影響甚深。而生活在香港，也是難得的機會去認識祖國正在發生的事物。

對鄧小平關於「一國兩制」看法的分析，將有助於我們更瞭解香港回歸的背後政治理念。

「一國兩制」是解決中國統一問題的具體制度安排，背後具有深層次的政治理念，並與當代資本主義和社會主義之爭，以及中國的發展方略概念，有著千絲萬縷的關係。

至1980年代，資本主義和社會主義一直是水火不容，互相鬥爭的。最典型的例子是1990年代初前蘇聯瓦解前，持續了數十年的美蘇冷戰。「一國兩制」作為一種政治主張，把這種過去認為是不可變的主義之爭的內涵，降格為工具層面。同時提出一個更高層次的統一概念：民族復興和國家發展，為「兩制」的並存提供了政治理念的基礎。換句話説，通過提出民族復興的理念，把兩種主義工具化，為兩種主義共存在一國之內提供了空間。這種定位，改變了當代視兩種主義為國家發展的終極意識形態的政治理念。事實上，如果這個政治理論沒有梳理清楚的話，將會影響到中國的國體定位。

這對當時內地馬克思主義理論是巨大的突破。馬克思解決傳統社會和制度爭論的方法，是用另外一套制度來推翻並代替舊制度。例如人類歷史的發展過程，包括了原始社會、奴隸社會、封建社會、資本主義社會、社會主義社會和共產主義社會。每個階段都是通過推翻上一個階段，取而代之存在的。

馬克思主義認為的社會主義或共產主義跟資本主義的關係，正如在《哥達綱領批判》中所言，是新、舊制度的替代關係，相互共存是不可能的。新舊對立而形成新一個統一體系的方法，是新制度對舊制度的徹底否定。之後不僅否定了對立，連對立雙方也隨之而不存在了。在實踐中要實現共產主義，相應需要激烈的形式，於是便有了巴黎公社、俄國革命等事件。

在香港回歸的問題上，追求的是和平收回主權。而更重要的是，收回之後如何管理的問題。收回主權只要通過政權交接儀式就可以完成。可是當香港回來以後，一個問題出現，就是在社會主義的國度裡面，出現了一個小的資本主義系統。這就違反了過去資本主義和社會主義相互鬥爭和取代的馬克思主義基本原理。

這就是為什麼筆者說，「一國兩制」在政治理論上，突破了資本主義和社會主義原有的鬥爭關係框架。

當然，這還要得益於為了在理論上支持改革開放而出現的一場「再認識運動」。鄧小平發動這場對社會主義本質的再認識運動，就是要對社會主義的評價標準和內涵進行反思和定義。馬克思的研究，主要是通過經濟問題來掌握發展規律，從而解讀現代社會和社會的歷史發展模式。而這場運動，簡單來說，是把經濟建設視為現階段的主要任務。這種新的社會研讀標準，使兩種主義的競爭準則轉變了。因此兩種主義可以同時存在、用經濟成果來進行競賽。這就是「黑貓白貓論」的背景，也使一國之內兩制可以共存。

基於中央和特區是一種授權的權力格局關係，所以二者並不存在「剩餘權力」的問題。

所謂「剩餘權力」，一般出現於聯邦制國家。這類國家由一些擁有國家主權的實體組合而成，例如美國，就是由各州組合成單一的合眾國。在這個過程當中，需要各州讓出部分權力予聯邦政府（中央），這中間便會產生一些沒有界定清楚各州是否交出的權力，這類未有在聯邦憲法中加以規範的權力，便被稱為「剩餘權力」。對此，有些國家由各成員單位保留（例如美國），有的則推定由聯邦擁有（例如加拿大）。所以說，「剩餘權力」的問題，只會出現在聯邦制國家。在單一制國家，權力源頭由代表國家層面的中央政府所持有，所以並不會出現。

香港社會對於中央和特區權力關係感到疑惑的另一個可能原因，是對比與回歸前的倫敦和香港關係。在殖民管治的理論中，很少觸及主權問題，因為殖民地本身就存在合法性等不道德的問題。可是從實際運作層面來說，儘管被殖民統治的地方受著宗主國強力控制，沒有獨立權力，可是跟特別行政區作為一個地方行政區域和地方政府的性質相比較，在法理上，宗主國和殖民政府還是處於兩個相對分離的地位。可以說，回歸後的北京與香港關係，跟回歸前的倫敦與香港關係從性質上是兩種不同的關係，儘管在回歸後香港通過《基本法》獲得了更多國際參與權。

可以理解，要完全明白這種格局概念的轉換並不容易，一直以來社會上也沒有太多的說明。

在討論香港特首的產生辦法時，無可避免會面對這樣的一個政治理論問題：特區行政長官應該跟中國的執政黨有何種關係？

中國的執政黨是中國共產黨。中國的政體是人民代表大會制度，與國體相應的政黨制度是中國共產黨領導下的多黨合作制。中國擁有一套與西方國家截然不同的政治哲學，強調共識政治和協商民主。而中國共產黨的長期執政角色，則是由《憲法》所規定下來的。

這跟西方實行兩黨或多黨競爭制度不同，後者是通過各政黨競爭達至資源配置的平衡狀態。因此，這些國家的地方長官，可以由不同政黨的人士擔任。因為今天在中央政府的執政黨，隨時有可能在下一次的選舉當中落敗，成為新的在野黨；而原來的在野黨又有可能成為新的執政黨。所以即使地方長官由在野黨勝出也沒有關係，因為兩黨或多黨制的軟制度平衡，已經存在於中央和地方各個層面。

當然，地方長官所屬政黨，如果跟中央層面的執政黨不相同，自然會影響雙方的合作關係，例如對該地方的資源配置和政策支持等等，這在各國的實踐當中已有大量證明，也是顯而易見的道理。

可是在中國，並不實行這樣的國體，從中央到特區，也不具備這樣的政黨條件。我們的社會當中，不同人固然可以對不同的政治模式有傾向和喜好，但都必須思考如何面對這樣的政治現實，才能使設計出來的制度，具有實際操作性。要設計一個符合政治現實和理想的行政長官選舉制度，我們需要先認清《基本法》所規定特首獨特的三重身份。他既代表香港特別行政區，也是特區政府的首長，同時還是國務院負責主理香港事務的官員。這意味著，他同時需要對中央和特區負責任，而任何只強調一方而忽視另一方責任的安排，都有可能導致執政理念和現實發生衝突。

中國共產黨領導的多黨合作和政治協商制度，是由《憲法》確定的中央政府制度安排的。「兩制」地區選民選出來的最高行政長官，不單單要對選民負責，還要對「一國」的中央負責，而這個中央的領導卻是在「兩制」地區並無政黨登記的中國共產黨。這在理論上頗為費解，卻正正體現了「一國兩制」的獨特性。其他實行政黨輪替的國家的經驗無從參考。例如美國共和和民主兩黨的輪替，以及黨派之間的競爭，本身就是政體的安排。在中國，在中國共產黨的地位與政體長期綁定的情況下，特區長官如果反對、否定中國共產黨的存在基礎，其造成的負面影響也將是無法估量。

正是這種獨特的制度安排：行政長官向中央負責、中央以中國共產黨作為執政黨，加上中央和地方關係對實務政治運作產生影響的考慮，所以帶出了特區行政長官跟中國共產黨關係的問題。現時規定行政長官不能具有政黨背景，跟上述理念有密切關係。

香港政改問題所面對的，是政治學上關於單一制國家如何以民選產生地方長官的新課題。

中國是一個單一制國家。所謂單一制（Unitary system），是指國家的成立和一切權力源於中央，地方的權力來自於中央的授權。與之相對應的是聯邦制（Federalism）國家。聯邦制國家的組成，由各個政治實體（共和國、州、邦），把各自的部分權力讓給聯邦政府，共同組成一個國家。

單一制國家的各個地方行政區域，由中央按管理需要劃分，地方政府在實踐上是中央政府的分支，權力由中央授予。因著這種法理邏輯，地方政府的長官，一般也是由中央直接任免。

近年來，世界上也有一些實行單一制的國家，因著地方化改革，推行以選舉產生地方長官。例如法國，在1986、2003和2004年通過相關立法，對地方長官產生辦法進行了改革。在這之前，法國各城市，包括巴黎的市長，均是由中央政府任命的，現在則是由市議會議員互選產生，而市議會是由民選產生的；這有點類似議會制度。

事實上，這種地方化改革的形式是多樣的。法國巴黎雖有類似議會的制度來產生市長，但中央政府仍保留大量直接管治權力。總括來説包括三個主要方面：（一）在教育、公共醫療服務、社會保障、統一電價等公共服務領域，地方政府只可以按中央政府的既定政策執行；（二）法國中央政府還會委派專員到地方直接處理事務，例如針對基礎設施建設和農業等方面；（三）中央政府派駐地方的專員，如果認為地方民意代表機構的行政性文件存在合法性問題時，可以提交行政法官進行審查。

當然由於各地方的政治運作系統設計不盡相同，所以制度的可比性並不強。例如法國中央政府對巴黎市的直接管理程度仍然很強，香港則享有高度自治。巴黎實行類似議會制，香港則提議由提名委員會然後普選的制度。

可是這讓我們明白，去討論中央政府對一個地方政府作出授權時，並不能夠單純考慮地方長官的產生辦法，還應該包括整個制度的權力分配安排，地方長官只是整個權力制度和中央授權內容的其中一個環節。

作為單一制國家，中國正在討論一個地方長官如何由當地市民民選產生，這本身就是一項很大的創造，其難度也可想而知。討論期間的衝突，也正產生於單一制國家和以選舉產生地方行政長官之間的矛盾。

如何根據《基本法》體現特區行政長官的三重身份——他是香港特別行政區的代表、香港特區政府的首長，也是中央政府負責香港事務的官員；並最終達至第43條所規定的「對中央人民政府和香港特別行政區負責」的平衡點，正是今天的挑戰。

在內地，有所謂的「城鄉二元制」和「下崗雙軌制」等特殊權利安排，為的是妥善協調一些特殊的環境和差異化的利益訴求。例如城鄉二元，指的是以社會化生產為主要特點的城市經濟和以小農生產為主要特點的農村經濟並存的經濟結構。

在政治上，「一國兩制」在一定程度上，也含有這種特權安排的理念。為的是照顧到資本主義制度下的香港和澳門，跟社會主義所不同的特殊性。

這種制度安排，跟學術上稱為「不對稱聯邦主義」（Asymmetrical federalism）的權力分佈安排有些相似。即是說在一國之內的不同地區，所能夠獲得的中央權力並不相同，一些地區能夠得到中央授予更多的優待。這主要是為了照顧一些具有特殊原因或處於弱勢地區的需要。這種制度安排一般表現在參與中央政府的權力上：例如蘇格蘭可以有代表參加英國國會，討論全英國的事務，包括英格蘭的事務，但是西敏寺卻無權干預蘇格蘭的內部事務。從法律關係上，蘇格蘭居民擁有比英格蘭居民更大的權力。在香港和澳門，也同樣在擁有高度自治的前提下，在全國人民代表大會和全國政治協商會議中擁有席位。

此外，還表現在參與國際事務的空間：例如在前蘇聯時代，白俄羅斯和烏克蘭兩個加盟共和國擁有在聯合國的投票權，顯示這兩個地區擁有比其他地區更大的參與國際事務空間。同樣地，特別行政區可以在中央政府的授權下，以「中國香港」和「中國澳門」的名義，或以加入中國外交團隊的方式，參與一些符合身份的國際活動。

這些制度是否能運作良好，需要特別處理好如何界定中央與地方的權力劃分，以及不同地區之間因為待遇差別而產生緊張關係等問題。

國務院總理李克強在2015年的工作報告當中，對於香港特區事務，提出要嚴格依照《憲法》和《基本法》辦事。這引發出一個基本問題：《憲法》是否適用於香港？如果適用，應該如何適用？

從法理學來説，《憲法》是必然適用於香港的。一部憲法是當然地適用於全國範圍，不可能説在某些地區適用，而在另一些地區不適用。這涉及憲法的完整性問題，憲法背後所代表的國家主權，應該是完整地覆蓋全國領土範圍的。如果不能行使主權，又怎能説是歸屬於這個國家呢？

從實務角度來考慮，《基本法》的產生沿自於《憲法》第31條：「國家在必要時得設立特別行政區。在特別行政區內實行的制度按照具體情況由全國人民代表大會以法律規定。」二者共同適用於全國，包括香港。《基本法》的適用，實際上就是對《憲法》第31條的適用。一旦否定《憲法》在香港的適用，將同時否定了《基本法》的存在和適用能力，因為這將會否定了訂立《基本法》的法理依據。

那麼《憲法》和《基本法》之間是什麼關係呢？筆者早年寫過一篇研究文章《基本法是中國憲法的特別法》，提出引用中國法律體系當中的「一般法律」和「特別法律」理論原則，去回答這個問題。具體而言，根據《憲法》成立了特別行政區，可是由於香港的實際情況，與《憲法》所規定的內容並不相配，所以制定了《基本法》作為《憲法》的特別法律，來對香港的事務進行管理。

在這「特別法律」的理論框架下，《憲法》應該如何適用於香港特區呢？

筆者提出了三項制度安排。第一，《基本法》的安排與《憲法》相衝突時，《憲法》賦予了《基本法》優先使用的地位。例如《憲法》第5條規定，中國實行社會主義制度，可是在香港，則是根據「一國兩制」的方針和實際情況，繼續實行資本主義制度。於是便有了《基本法》第5條的規定：「香港特別行政區不實行社會主義制度和政策，保持原有的資本主義制度和生活方式」。在這裡，便是以《基本法》的內容作為依歸。

第二，當遇上《基本法》範圍外的情況時，除非《基本法》另有規定，否則可引用《憲法》的規定，但此類引用不能違背《基本法》的精神和立法原意。例如在《基本法》當中，並沒有關於國旗和國歌的説明。這時候，我們便可以參閱《憲法》第136條，關於「國旗是五星紅旗」、「國歌是《義勇軍進行曲》」的規定。

同時，當特別法律出現空白時，應尋求一般法律當中既存的規則來補充，這個特性是法律規則本身所決定的，也體現了特別法律與一般法律相互依存的關係。

第三，任何的相關法律或者相關法律部門之下的新立法，以至法律解釋，都不能違背《基本法》的原則。這是對於特別法律和在其管理下事務的尊重，也是維持特別安排的必要之舉。否則便有可能出現通過新立法，去否定特別法律的可能。具體來説，任何立法和對法律的解釋，都不能違反《基本法》，這是對《憲法》落實「一國兩制」的重要保障。

# 新世代政治

踏入資訊世代，獲取資訊好像變得更加容易，但又好像更難弄明白這些資訊！

以「台灣立法院事件」為例，學生佔據「立法院」的畫面經常出現在各種媒體的版面上。我們從外面看來，實在搞不清楚當中的複雜性。只感覺到反對「兩岸服貿協議」的聲勢很浩大，而且政府很邪惡，不顧民意硬推惡法，畫面呈現出來《孤星淚》式的法國大革命情景十分震撼。可是如果我們進一步去找些文字資料，好像又是另一個畫面。有些數據顯示台灣民眾對國民黨的「兩岸政策認同度」有超過40%的支持率。從這個角度看來，這又是十分順應民意。

如果把社會當中的不同思想主張畫一條線來表達，處於線條兩邊的極左和極右支持者，一般各佔大約10%，這個群體的活動較多，也比較激烈。然後越往中間的越溫和。在一個健康的社會當中，處在中間的應該是佔最大比例的，例如40%、50%左右。這個群體沒有太強烈的傾向，通常會按每件事來思考，再決定支持哪一方，或者沉默。這群人的取向，可能更能代表主流想法，而他們的存在也是社會的穩定因素。

上述的社會傾向比例其實很正常和普遍。可是對於一般讀者來說，新聞價值較高的兩極，會比較容易從媒體上接觸到。而且現在人們習慣直觀畫面感覺，他們的行為也更讓人印象深刻。相反中間群體沉默而分散的意見，不容易被認知和系統整理，沒什麼新聞點，所以在媒體上一般比較少見。不過，這些資訊卻影響了我們對事物的認知，似乎要得到真正全面的資訊，還需要多走一步！

十多年前，有一本名叫《網絡政治學》（*Cyberpolitics*）的書籍出版，專門探討互聯網對政治活動的影響。十多年後，書本中所預期的網絡動員、網絡政治社群等等情況，已由不同地方的年輕互聯網使用者實踐出來了。

從最近主要通過互聯網發動而最終形成社會運動的經驗來看，可以總結出幾個主要特徵。第一，這類新型的政治活動開始否定傳統的政黨、選舉、政府諮詢等平臺作為參政議政的壟斷途徑。有些參與者認為這些傳統管道已經無法有效反映他們的政治訴求，提出對政治人物的質疑態度，主張自行參與。有些人會認為這些傳統是上一代的產物，他們要建立新的途徑。傳統的平臺被視為以每一次選舉為表達民意的單位，現在則更多考慮每個事件或政策草案。

因此，第二個特徵是這些新型政治活動，基本上都屬於體制外的行為，包括街頭運動、佔領某一特定場所或區域等。形式也是多樣化的，結合了派對、嘉年華、表演等社交活動來進行。這方面又跟傳統的街頭抗爭運動有一些分別。傳統的抗爭更多以爭取某一特定而清晰的政治目標為本，現在的除此以外，更融入並成為一些生活環節。而且因為對既有政治平臺的否定，所以有些參與者會反對將運動轉化為傳統的管道，因為這等於放棄了他們的原來的價值觀，被體制所吸納。

第三個特徵是這些運動主要由年輕人驅動，這可能是跟他們是積極的互聯網使用者有關。

## 新政治空間

承前文，互聯網的普及，大大降低了社會運動的動員成本，政治空間的秩序已經發生變化。所謂「政治空間」，就是任何可以進行政治活動的地方，這可以是一個地理環境，例如議會或政府大樓，也可以是機構，例如政黨和利益團體等等。過去，傳統媒體通過控制向社會發佈資訊的管道掌握了話語權，機構通過擁有資源，政府通過擁有物理環境控制了政治空間。但是互聯網提供了突破這些壟斷控制的新空間，而且成本也變得很低，幾乎沒有入門的成本門檻。同時，社會運動就是互聯網絡延伸到實體活動所開闢的新的實體空間。

傳統的話語權和控制權主要依賴資源而產生，例如金錢，而互聯網的決定標準，則更多是使用網絡的熟悉程度和投入時間的多寡來決定。由於年輕人熟悉又更多使用互聯網，所以在這一個空間他們便更容易成為主導者。這就解釋了近年社會運動有日趨年輕化的跡象，而且多是先從互聯網開始動員。

雖然也不乏傳統平臺通過互聯網去擴大政治活動空間的例子，像奧巴馬競選總統時就充分利用了互聯網的作用。但是二者的基因是不同的，前者以網絡延伸體制外，後者視網絡為體制內的輔助。

可以預測，以互聯網為基礎的新一代政治活動將會越來越多，我們也因此需要關注一些新的問題，例如：社會動員的成本降低了，但決策成本可能會提高，當中應該如何平衡？傳統的政治平臺的作用改變？社會的利益整合應該如何進行？現代版本的直接民主的作用為何？《網絡政治學》一書的副標題正是「Citizen Activism」（市民積極行動主義）。

強烈的個人主義、否定權威、不輕易達成共識、以不合作或抗爭等非體制手段爭取訴求、重視價值觀等等後現代社會意識，隨著當下經濟格局和形態的發展、互聯網的生活化、社會物質的成熟等因素而逐步形成，甚至成為了新世代的主流意識。

根據香港中文大學一項關於社會指標和發展的研究資料顯示，即使在被認為是物質主義盛行的香港社會，在過去四十年間，雖然緩慢但也正持續地步向後物質主義，發生美國政治學者羅納德·英格爾哈特（Ronald Inglehart）所提出的價值變遷。

價值變遷帶來社會轉變，給政府管治帶來極大的挑戰。

例如所謂的「不合作運動」，也不止發生在香港，甚至在美國。共和黨控制著國會參眾兩院，跟奧巴馬總統所屬的民主黨發生起這上述的非傳統角力，正衝擊著原來的兩黨制政治理論。在台灣，民進黨借助社會運動，強化社會意識形態的議題作用，轉化成傳統選舉的能量，使之掩蓋了國民黨在經濟上的努力，成為2014年「九合一」選舉國民黨慘敗的其中一個因素。

我們現在可能正處於一個歷史交接點的起點，就如同過去人類因為經濟生產模式和社會形態改變，而步入新的政治階段一樣。社會環境改變了，管治模式和政府角色也會並需要隨之而轉變。對於各地政府，這是巨大的挑戰，宜及早展開應對研究。

英國首相卡梅倫在一個論壇中，以「下一代政府」為題，談及在政府財政緊絀和互聯網高度資訊化的時代背景下，未來政府的一些轉變。對於這些新的政府治理想法，值得為政者參考。

過去我們評價政府的作為和成效，一直習慣以投入了多少財政資源作為標準。例如政府投入了越多的預算比例在醫療衛生和教育，我們就認為政府對這些公共服務越是重視。可是我們對公共服務的內涵、品質和效益一直關注得較少。拿公共服務跟商業營運比較起來，效益還是有做得更好的空間。當然因為考慮到政府運作的一些穩定和公平原則，不能也不應該完全把二者作比較。可是隨著資訊科技發展，為我們提供了進步的可能性。

資訊科技跟政府服務關係最密切的，可能是增加政府透明度，從而增加公共服務的選擇和提高問責性。過去，很多時候只有政府才能掌握資訊，形成權威。但現在，市民很容易從網絡便能翻查關於政策和公共財政的細節和分析。因為通道的簡便化，使企業能夠更多地對接入公共服務，參與成為服務提供者。市場和商業效益的原則，便更容易套進政府的公共服務去。這種模式被現代管理學稱為「公私合作」（Public-private partnership，簡稱PPP）。政府同時也可以通過提供更多資訊，去改變人們的生活習慣，以節省生活成本。例如在節能方面，可以把一些省電、節水的生活模式告訴市民，讓大家參考。

近代政府體制的歷史，隨著社會的發展，可以被大致劃分為三個階段。在最初的時候，以服務本地社區和小型經濟為主，可以被稱為前官僚體制時代。隨著工業化的大規模發展，社會及經濟對於政府提供公共服務和管理的需求大增，例如大型的交通運輸、城市基礎建設等等，強大的中央集權式官僚體制便隨之而出現。這是第二個階段，也是現在我們所處的時代。

至於下一個階段，可以被稱為資訊革命年代下的後官僚時代。其特點是人民對政府的需求下降，權力回歸人民。政府的作用不應再是管理社會，而是更多的協助人民，儘量為這個目標締造環境，掃除來自客觀條件或來自政府自身的行政阻礙。總括而言，這是一段從社區權力、到中央權力、再到人民權力的政府發展歷史。

過去，我們比較重視探討資訊科技對政治格局和政府體制外活動和社會運動，如何影響政府的角色。這次的討論，則帶出了政府主動的改變和對官僚體系的影響。

事實上，香港政府的運作模式在這方面是有一定優勢的，包括我們一直沿用的小政府原則，省卻了不少外國「大政府」在轉型過程中需要「瘦身」的困難。可是這遠遠不足夠，我們現在還沒有一個完整能符合現代資訊的服務通道。這些問題全世界的政府都在面對，但誰都沒有一套已經完成的答案，重要的是積極起步探索。

《科技想要什麼》（*What Technology Wants*）一書的作者凱文·凱利（Kevin Kelly）對科技提出了「去中心化」、「分享化」和「移動化」的發展趨勢見解。在凱氏的科技觀中，科技是具有生命力的自然形成系統，而非單純的物理構成。

關於去中心化，簡而言之，就是削弱各種系統的集體和集權，突出個體。這包括了經濟、社會和政治等等系統。這個世界正在隨著人類參與在科技的應用中，而不斷地從原有體制中的科（橫向部門分工）、層（縱向層級分工）制之中去中心化。

以銀行金融服務業的發展為例，一直是非常中心化的一個行業。可是在科技帶動去中心化的過程中，金融機構向大眾分享更多的數據、進程、影響力和信息，去中心化的結果是使分享行為增加。過去的專家並不會分享金融信息，而現在卻更多地強調分享的特質和能力，以至在這個過程當中的擴散及覆蓋的力量。

去中心化變成了分享經濟的模式，同時又分享影響力。反過來說，分享是去中心化進程的動詞表達，這也說明在網絡年代日漸發展的今天，我們為什麼擁有越來越多的分享社區。

凱氏認為，在過去的20年裡，網絡技術想要去中心化。無論你希望做什麼，只要你在試圖使自己成為中心，你便是這個歷史進程的一部分。我們已經見證了很多技術和商業領域去中心化的過程。而這一趨勢，還將會在未來20年中繼續下去。

這種發展將會影響到人們的意識和各種系統的形態，對經濟、社會和政治運作起著深遠的改變作用。

2014年台灣和烏克蘭發生的事件，讓我們思考社會一些人士追求理想和整體社會付出成本的平衡問題。

台灣「反服貿」事件，導致立法院的工作受到癱瘓，數以千計的法案無法討論或者通過。與之相關的社會民生問題和涉及服貿協定的經濟發展內容都將無可避免地受到影響。這些成本最終將由整個社會來承擔。在烏克蘭，通過激烈的手段去進行政治活動，導致了國家的分裂，天然氣價格立刻上升了大約一倍，並要馬上償還對俄羅斯的債務。至此我們不禁要問：社會能夠和是否願意承擔起這樣的成本？

1950年代，當中國和前蘇聯鬧翻了之後，前蘇聯撤走了所有的駐華專家，而且還要求中國立刻還債。那個時候中國也經歷了十分艱苦的歲月，這些都是決策的成本。

講理想，同時也要負責任地考慮整體社會成本。這是任何一個成熟的政治領袖都應該考慮的平衡問題：如何帶領社會進步、步向未來、實現理想，同時又能夠照顧整體社會當下的成本問題。究竟這個成本應該付出到什麼程度？是否有共識？不然就容易變成了少數人挾持社會全體利益的行為。這都是我們推動社會變革時，需要認真謹慎對待的。

當社會的一些人提出了某種主張，這時候如果社會其他大眾不發聲表達意見，也就應該被視為默許那小眾所提出的意見，因此之後所產生的成本，就應該由所有人來承擔，否則不同意見者也應該積極表達。這就是「政治是眾人之事」的最佳寫照。

2014年台灣和泰國民眾因為不滿意政府決策，發動大規模社會運動癱瘓政府運作，背後反映出這個時代對民主理念的一些改變。

過去普遍認為，選舉制度基本能夠滿足我們對民主的要求。如果對政府不滿意，可以在下次選舉時用選票把他趕下臺。可是有部分泰國民眾卻不是這樣想的。黃衫軍的支持者認為選舉制度已經失效，因為紅衫軍支持者的人口比例佔大多數，所以在每次的選舉當中都幾乎肯定能夠獲勝。這讓黃衫軍支持者產生對選舉制度的否定思想，這樣的邏輯構建了黃衫軍使用武力的道德基礎。這是泰國社會對民主制度認識的落差。

至於台灣，情況也相當複雜。其中網絡年代所導致的傳統權威消失，使選舉的神聖作用和政治領袖的地位都大不如前，更容易受到挑戰。而且資訊時代事物變化快，每一個四年或五年的任期，對社會的一些人來說實在是太長了。他們追求對每個政策進行全面的博弈，質疑體制之內的諮詢。這結合其他因素，便容易促成社會在已有的選舉制度之外，另覓途徑進行博弈。

這些發展讓社會有更大參與政治的熱情，可是也會增加制定政策的成本。一方面，政府運作不了，決策成本固然提高；另一方面，過去通過選舉過程來進行利益整合的機制，也被為數更多的博弈改變了。

選舉如何能照顧社會所有人的利益？大家如何能夠服從選舉結果？選舉之外的利益整合機制如何？以社會運動影響政府運作的底線和程度應該為何？都是這個時代需要思考的問題。

泰國傳統精英階層只佔人口少數，所以每次選舉都基本上肯定會敗給佔絕對人數優勢的草根階層，他們因而萌生選舉制度已經失效的心態，感覺自己受到了民主暴政的欺壓。否定選舉作為落實民主的方法，促使他們發動街頭運動進行反抗，作為維護自身利益的途徑。另一邊草根力量也組織起來回應，最終形成了幾乎是每隔四年（過去分別在2006、2010、2014年發生比較嚴重的街頭抗爭）便出現一次的紅、黃惡鬥迴圈。

如何平衡泰國不同階層之間的和平利益整合，成為了當前泰國政局的核心問題。

由於泰王在泰國社會的崇高地位，泰王成為了穩定局面的幾乎唯一的因素。可是，這也造成危機的出現。由於現任泰王普密蓬年事已高，他的繼承安排便成為了大問題。其獨子哇集拉隆功王儲，過去公眾形象一直不佳，總給人花花公子的感覺。雖然近年已刻意改善，但仍不足以服眾成為新君。同時，皇儲的姐姐詩琳通公主形象卻一直甚好，亦有不少擁護者。傳統上，王位由王子世襲，但依照1924年王位繼承條例規定和國會的認可，如果沒有王子繼承，國會可同意由公主繼位。這些內部不穩將會成為泰國繼承問題的一個不明朗因素。

影響泰國政局的另一危機是敵對力量領袖他信回國的問題。2006年之後，他信流亡國外，並長期居住在迪拜。兩股力量的角力，必將左右泰國的穩定，也將對當地的選舉和民主化帶來深遠影響。

## —對意識形態的管理—

德國聯邦司法部宣佈延長希特拉所著的《我的奮鬥》一書的出版禁令。根據德國版權法的規定，書籍版權在作者死後70年失效，所以該書的版權原定於2015年之後被劃定為公共領域圖書，可以由出版商自行出版發行。這件事引起廣泛關注，討論社會對於意識形態的管理應該採取什麼態度。

支持者例如一些猶太人組織主張，禁令有助防止納粹主義死灰復燃，而反對者則認為容許出版更有助於社會以辯證的態度討論歷史，也有一些折衷的討論主張規定只能出版注釋版本。

這次事件重新帶出一個核心問題：政府對於意識形態和道德等問題作出管理，跟言論自由及知情權之間，應該如何平衡。每個國家都有自己的意識形態，戰後的德國由於希特拉政權所犯下的罪行而全盤否定了當屆德國政府的意識形態。對於希特拉著作的禁止出版，實際上也是防止納粹主義的再宣傳。這個案例在當時的道德界線是很清楚的，但是經過了半世紀，納粹主義的性質、對於歷史的態度和德國社會的環境等一系列思考，便引發了這次爭論。

事實上這本書已經很容易在互聯網購買電子版本，所以討論同時讓我們思考，隨著互聯網普及，不少國家對國民的互聯網瀏覽內容都有禁止和監控，這條道德界線又應該如何劃定呢？

德國人以理性和智慧著稱，筆者相信會討論出一個合理和配合時代環境的做法。

隨著政改討論，使社會的焦點集中在選舉和如何當選等問題上，卻忽略了更重要的執政能力。

我們之所以要求通過選舉制度組成政府，是希望動員全社會的能力，共同選擇才德之士，更好地管理社會。所以政府和候選團隊的執政能力，才是我們應該關注的目標，而選舉則是達到目標的手段。

手段固然重要，但我們在整個討論中，似乎喧賓奪主，鮮有人關心目標本身。如果我們光有選舉，但社會當中卻缺乏具有執政能力的成員和機構，選舉的本意也就容易淪為空談。把所有精力集中在選舉形式，「選戰」這個詞語貼切地形容了這種狀態。戰爭自然是傷元氣的，這恐怕不是社會之福。

當然我們不能迷信選舉萬能論，選舉並不代表一切。歷史經驗證明選舉並不保證能夠選出具有足夠執政能力的團隊。選民對於候選人的認識，容易受到媒體宣傳、選舉氛圍的影響，候選人的口才形象、現場發揮等也容易使選民意見產生偏差。期望通過選舉達至民主而為社會選出具有執政能力的領袖，需要有緊密的配套。

香港傳統的政治格局，培養了一支執行力強大的公務員隊伍，但是在政策研究、長遠定位和戰略佈局等方面，長期受制於倫敦的殖民統治安排，能力卻顯薄弱。要培養香港自己具有足夠執政能力的人才，這些方面必須有新的突破。

1990年代初開始，香港的政治生態從過去實行多年的精英政治，逐步被新冒起的全民平權意識所削弱。至回歸之後這十多年，情況更加明顯。

香港精英政治的特徵，是政府人員的專業性強，而且有一套嚴密的工作流程系統。對於社會管理，基本以科學設計來進行，市民對政策制定的輸入很小。精英政治的順暢運作，為香港過去幾十年的高速發展作出了重大貢獻。

可是隨著選舉的引入、市民學歷提高打破官員權威、社會富裕帶來地位意識增強等等因素，市民對平等權利的訴求逐漸增強。

市民平權意識的特徵，包括市民對參與政策制定的要求增加、對政府表現經常感到未盡人意、反對他們心中認為的特權階級（泛指精英分子）、社會地位的扁平化等等。在這個時代，市民的感受非常重要，因此更需要政府對公關、説明、諮詢等工作的重視。

在政改討論當中，關於提名委員會地位的爭議，正是一個顯示從精英政治到市民平權意識抬頭的例子。這制度在1980年代起草《基本法》時獲得支持，反映著當時社會對香港實行精英政治的一種共識。至今天，支持維持這種體制的，比較多是在社會上已經取得一定成績或發展不俗的人士。相反主張改變的，則以年輕人居多，一定程度上跟他們距離進入精英階層較遠有關。因為這個制度在某程度上的理念，是通過由社會精英組成的委員會，對特首候選人進行把關，以體現理性考慮。

在現代公共治理當中，如何平衡好兩者是一個重大挑戰，即既要保持政治的理性和專業運作，也要照顧到社會感受。

正當香港發生「佔中」事件之際，也有英國市民展開名為「佔領民主」（Occupy Democracy）的運動。兩地示威者有一些很相似的訴求，包括對於政治制度，英國示威者喊出「現在就要真正民主」、「國會制度出現危機，我們選出一群不能代表民意的議員」等等的口號，似乎都是在訴説政府無法有效解決人民的需求。這不禁讓我們反思，示威者其實是希望通過改變政府組成，解決什麼樣的根本問題呢？

隨著經濟全球化，資金突破地域限制，隨意流動成為常態。資金流動導致了政府對經濟主導和主動權的削弱，從經濟而引伸出大量社會問題，例如貧富懸殊、平等權利、社會分化等等，社會運動因而被受影響市民的不滿和不愉快情緒激發而起。

在香港，政改的討論和民主化的訴求是一個切入點，是一種改變社會形態訴求的總爆發，其背後代表著的是改變政府和社會關係的要求（以「市民平權意識」取代被一些人認為是代表資本利益的精英政治），並期望以此來改變資本和社會（資本家和大眾市民）的關係。

可是一些其他地方的經驗顯示，這種方法並不一定有助於改變這些關係。

美國政府在「佔領華爾街」運動之後，仍然對金融資本束手無策，台灣、泰國等例子則表明了社會運動會弱化政府的能力，讓資本的力量更坐大。

此外，資本一政府一社會這三角關係，隨著經濟和科技的改變，正在尋找一個新的穩定點。

西方國家近年來面對最大的內部挑戰，可能是地方主義和民粹主義的興起。

有關地方主義，最主要反映在市民更多考慮自己所處的地方，或者是更關心自己所能夠接觸的空間，對於國家等遠離自己直接生活的概念逐漸淡化。例如前一陣子蘇格蘭的獨立公投，還有西班牙加泰隆尼亞語地區（位處該國東部）近日的獨立運動。此外，印度和印尼也面對類似的情況。不少國家的應對方法，是下放權力，特別在社會事務方面。

相反，中國近年的急速發展，卻是受益於強大的中央集權。內地的改革是真實和具有意義的，而且越來越鞏固。事實上，不少地方民眾還是十分期望擁有強力的政府管治，例如在伊拉克和也門等地，均需要強大的集權政府來平息混亂的局面。

可是要產生強大的集權政府，還得面對民粹主義的挑戰。在歐洲，很多右翼黨派在2014年的選舉中表現強勁，例如瑞典民主黨、德國新選項黨、英國獨立黨等等。這些政黨比傳統執政和反對黨更關注秩序、移民、社會福利負擔，以及市民所認同的其他威脅。

社會困難往往延伸出巨大的政治挑戰。例如在歐洲，市民對新移民大量流入普遍感到擔憂，所以鼓吹公投。另外，也有一股青少年反建制的情緒。根據法國最近一項針對18至24歲人口的調查，有大約四分之一受訪者對「伊斯蘭國」並不反感。以上種種社會環境，大大削弱了國家制定整體國家政策的能力，無論是外交還是內政。

# 關於2017年政改問題

政改諮詢過程中，主要圍繞著五個問題進行討論。

第一個問題是：「誰」可以提名特首候選人？根據《基本法》第45條，規定了「提名委員會」負責此項工作。此外，坊間還提出了「公民提名」、「公民推薦」、「政黨提名」，以及綜合上述兩種或以上途徑俗稱的「多軌制」。這是目前社會爭議最大的。中央、特區政府和部分香港市民認為，應該按照《基本法》的規定而行，所以只有提委會才具有提名候選人的資格。而提出其他提名途徑的人士則認為，這更能夠體現民主精神。

對於這種討論，筆者認為可以從兩個維度去進行分析。第一，當我們提出不同的建議時，應該多走一步，分析各種建議對政治體制有什麼影響，不能只有單純的理論考慮。例如公民提名和政黨提名實際上具有兩種截然相反的效果：一個是弱化，另一個則是強化政黨的作用和角色。所以當我們對這兩種建議進行思考時，還需要考慮日後我們期待政黨在整個體制中扮演的角色問題。第二，由於其他途徑並不是《基本法》當中所列載的，這就涉及可能需要修改《基本法》的問題。筆者認為現在提出這個問題，會把對政改的討論複雜化，所以目前並不適宜。

第二個問題是：提名委員會「如何」組成？關於這個問題的方案很多，主要包括：（一）通過改變現有的選舉委員會組成；（二）由現任議員組成；（三）由全民選舉產生等等。關於提名委員會如何組成的問題，有較多方案提出通過改變現有選舉委員會來組成提名委員會。當中包括按現有選舉委員會的1,200人對人數進行增減、是否取消團體票，以及增加新的界別代表等建議。

第三個問題是：「如何」獲得提名委員會提名？關於這個問題的意見，曾出現過包括不同比例的委員支持，例如民建聯所提出的二分一、或者陳文敏所提出的八分一等，才可以所謂「出閘」成為候選人。此外還有一些例如得票需獲得各界別一定比率、需獲得人大代表一定比率等的建議。對於這個問題，還有候選人人數是否需要設限的考慮。像李柱銘在最初的方案和陳弘毅就提及候選人上限為五名的提議。其他的還包括二至四人等等。也有例如真普選聯盟提出不對候選人人數設限的建議。最終，人大常委會基於《基本法》當中所規定的「機構提名」原則，以及在有競爭和選舉成本當中作出平衡，分別作出過半數和二至三名候選人的決定。

第四個問題是：關於投票和點票方法的思考。這當中最主要的考慮，是進行一輪還是兩輪投票。筆者傾向支持進行 兩輪投票。因為如果以一輪投票的簡單多數為基礎，如果有兩位候選人的得票率非常接近，例如49%對51%，這樣落敗的一方並不容易服輸，社會就容易被撕裂，因其支持者並不容易認為勝出的一方能夠有效代表他們的利益訴求，這便會失去了我們推行所嘗試達到凝聚社會共識的目標。

第五個問題是：關於當選者不獲中央任命後處理方法的思考。如果出現這種情況，重選應該在多長時間之內進行，而不獲中央任命的人士能否參加重選等等問題。

整個政改討論的核心其實很清楚：如何可以確保國家安全，又在選舉制度中不設置任何制度保障。

這個問題之所以在選舉制度設計當中出現，是因為我們的法律缺位。這個問題，本來不應該主要通過選舉等制度來處理，因為這是一個法律問題。《基本法》原來的設計，是先通過國家安全立法（即第23條）來處理，為政治領袖的行為劃定了界線，從而使國家安全有了法律保障。可是事件並沒有按照預定的想法發生。

要達到這個保障，要不是由法律管著政治領袖的行為，要不從人員著手避免。這就是現在的局面。現在的討論，就在這裡被卡住了。事實上，這是一個制度矛盾：不能完全沒有行為規範，也不能只依賴選舉制度。

在一場選舉當中，有幾個階段，其中包括提名和投票。當中的制度安排也有不同的設計原則。

在提名階段，重點是對有興趣參選的人士沒有不合理的阻礙，例如外表、性別等，而合理的阻礙則可能包括例如犯罪行為、候選人人數上限（若有）等的處理。到投票階段，應該考慮民主原則，例如人人有投票權、每票效力相同等。但筆者觀察到現在社會上的討論，往往把不同的概念壓縮在一起，從提名就開始説民主原則，這便容易忽略了各個階段的不同特性和應有的相關原則。例如在提名階段討論民主原則，就容易使提名委員會成為了一種預選，反而忽略了其應該發揮的對合理和不合理阻礙的把關功能。沒有這種意識，討論就難以達到共識。

《基本法》當中，有一些條文在當年立法的時候，留空了實體內容，只提及原則和最終目標。具體內容交由發展過程當中積累經驗來逐步充實。其中包括：（一）第五條，關於50年不變；（二）第23條，關於國家安全；（三）第45條，關於行政長官產生辦法；（四）第68條，關於立法會產生辦法；（五）第75條，關於立法會自行制定立法會議事規則；（六）第94條，關於律師執業的規定；（七）第97和第98條，關於組成區域組織等。

整部《基本法》本身是一個完整的系統，每個條文之間都有一些內在聯繫。例如關於行政長官產生辦法和立法會產生辦法當中，對於候選人的行為操守，本來就是計劃通過第23條來作出規範。由於國家安全立法比較敏感，所以最終第23條的內容沒有被充實。其法律後果是，對於第45和第68條所定下的制度目標，被打開了一個缺口。

為了彌補這個缺口，「愛國愛港」的原則被強調來嘗試作為補充。可是這個做法其實存在著一個法理學上的困難：企圖在一個條文當中，完成兩個條文的功能。即在第45條關於產生行政長官的規定當中，從操作層面上規定候選人的操守。可是條文已經存在，無法通過擴充文字內容來包含兩個功能，即使提出對候選人操守的規定有其道理，也無可避免地成為了社會爭論的焦點，也難以達成共識。

其實，《基本法》體系中前文所談及的幾個條文，核心的目的是嘗試建立回歸之後，香港居民作為中國公民的一種「國民操守」。而只有具備這份操守的人士，才能合資格參與競逐成為行政長官和立法會議員。這是《基本法》起草的願景。

那現在我們應該怎麼辦呢？我們應該聚焦回到政改問題上作討論，不要又牽涉其他問題。

立法會議員於2014年中的上海之行其實有一個十分重要的訊息，就是把泛民主派和「愛國愛港」人士的定義區分出來。即是說，泛民主派也可以有「愛國愛港」的人士。而只要是「愛國愛港」的都可以參加選舉。這就意味著不是一刀切的泛民主派必然不可能成為候選人。這可以說是雙方向前邁進的一步。但從法學的觀點來說，這只是重回到應有的法律之義和規範之內。

接下來社會的討論，應該是如何規範候選人的操守問題，另一個說法即是關於「愛國愛港」的具體定義。畢竟我們無法利用政治術語來作為規定。只有這樣，才能把各方的討論放到相同的平臺之上，有可能收窄大家的分歧。畢竟長時間以來，各方都只是自說自話，沒有真正的對話。

筆者總結社會的討論，所謂的國民操守，可能包括兩個主要方面：（一）事事為香港的利益和安全著想；（二）處理好香港跟內地，包括中央和各地方的關係。

今天的所有討論，其實都源於大家對候選人操守應該如何規定，有不同的見解。或者反過來說，從關於候選人的操守問題，擴展到今天所有的討論。如果希望達成共識，對這個問題展開真正的商討是第一步。

對於「愛國愛港」一詞，最近在香港討論十分激烈，這其實跟我們的特定社會環境和語境相關。

支持者認為這是正常不過，其背後隱含的理念，是在當下的政治形態，以「民族國家」（Nation-state）作為基本構成。即由於民族認同而組成國家，這些國家又是國際交往的基本參與單位。至於不支持者的理念，則跟香港過去在殖民統治時期，國際化主義一直主導的意識形態，以及從而形成的弱化國家認同感的語境有關。從社會學的角度舉例，香港人對於「地球村」或作為「高度國際化人士」的定位，一直有強烈的好感。

其中一方面的具體表現，是香港實行普通法。我們的普通法，不但傳承於英國，而且通過案例和司法實踐的過程，打通了與其他普通法地區的互通，例如英國和澳洲等世界各國的司法案例，都會被應用到香港的判例，形成了極強的國際主義，這是普通法的特點和優點。也因此解釋了對於「愛國愛港」一詞，司法界的反應普遍較為激烈。

其實情況就好像支持心儀的體育活動。在奧運會和世界盃期間，大家普遍支持自己的國家隊。同時，香港也有很多人喜歡觀看歐洲聯賽和英國足總盃等足球賽事，而這些比賽隊伍，並不以國家為單位，而是各大球會。

更深入分析，是一個人究竟以他的初級團體，例如與生俱來無可選擇的民族或家庭，還是次級團體，例如個人主動選擇參與的社團或行業等，作為基本身份認同的問題。其實除了香港之外，不少歐洲人在他們的國家加入歐盟之後，對本身國家的認同感也受到歐盟和歐洲人等新認同的衝擊。

中央強調香港政治領袖「愛國愛港」的要求，其理論基礎大概源於政治倫理和具體操作兩方面。

在政治倫理方面，可從鄧小平在1980年代對「一國兩制」的解讀進行分析。根據相關講話，這其實是當時的一項「交易」。香港回歸，由於社會情況跟內地不同，所以實行「一國兩制」，同步為此引入「港人治港」，「高度自治」。而中央對此的認同，條件是需要由「愛國愛港」的人士為主體執政。所以可以說，如果沒有這個對政治倫理當時的共識，《基本法》當中關於「港人治港」的安排也可能不會被接受。而這個共識，從美國當時表態支持「一國兩制」，也可能是某種國際關係上的認同。

接下來是操作層面。對於「愛國愛港」的定義，鄧小平也說過罵共產黨的也可以是愛國的這個標準。這番表述反映出硬性和彈性規定兩個操作層次。硬性規定包括具體行為，例如收取外國政治獻金、實施顛覆行為等等。至於彈性規定，則作為「存疑」狀態的評判。政治倫理和法律思維不同，在法律上如果存在疑點，就不能入罪，利益歸於被告。可是從國家安全的角度來看，卻聲明不會以此作賭博。所以存疑的人士，在政治倫理的層面，都會被認為是不合格的。這似乎是中央對如何行使任命權的一種聲明。

對於政改，如果說中央不願意在政制上給予香港民主發展，這似乎也不太正確。因為在起草《基本法》的時候，就已經寫入民選產生行政長官的第45條條文。此外，幾次人大常委會關於政制的決定，都不斷有所進展。事實上，從改革的角度來看，中央也希望香港能夠扮演選舉模式的試驗場。邏輯就如同進行經濟上的改革開放時，設立深圳和珠海等經濟特區，先行探索經驗。

既然都是追求民主，那為什麼中央和泛民主派會有如此大的分歧呢？ 第一個原因在於對民主的不同理想。

對於在香港實行民主體制，中央其實有相當完整的理念。中央提出實行的，是一套經過反思西方主流選舉制度，再結合中國社會特質和自身政治理念的創新模式。所以對於例如設立提名委員會，本質上就是對像美國式的大選舉團制度和一人一票模式的融和，其背後理念是追求對專家政治（或稱精英政治）和大眾政治的一種有效結合。

至於泛民主派，追求的則是一種完全、並已在歐美多國運作經年的西方模式的選舉理念。因此泛民主派一直提出、或者是在追求一種所謂的「國際標準」。雖然相關學者始終無法清楚地指出有關的具體內容是什麼，但當中所指的，應該是指向一種西方文明體系下的文化內涵。這一點似乎連敘述者自己也沒有發現和說清楚。

中央和泛民主派對香港民主的第二個不同理想，是對政黨角色的期望不同。當中的背後核心問題，是對提名候選人權力的爭奪。

中央對香港政治體制的期望，是不要有太多的政黨因素。這一方面涉及政治理論的問題，另一方面更是希望特首不要摻和太多政黨因素，以使特首工作能夠更有效代表全體社會的廣泛利益。可是對於泛民主派，作為政黨本身，自然希望能夠加強政黨的作用。

這背後其實是關於誰能提名候選人的權力爭奪。中央和社會當年不太希望有強勢的政黨角色，所以在起草《基本法》時，經過廣泛討論，設立了提名委員會，把提名候選人的權力交給社會行使。這樣即使選舉過程當中會自然而然地形成一些資源上的政治聯盟，仍然會受制於全社會，不容易形成傾向特別明顯的候選人和政治力量。相反作為政黨，當然希望擁有候選人的提名權力，這樣對政黨自身的發展會很有幫助，也是其天職。對政黨提名等主張的訴求，便是在這樣的背景下產生的。

其實隨著選舉出現，組成政黨和政團來整合資源進行競選，是必然的過程。問題是我們希望政黨在香港政治體制當中的角色為何？這便涉及到政黨水準、社會期望，以及如何最能夠高質素地進行提名等思考。

現在雙方的爭論，不是民主本質的爭論，而是對民主手段的分歧。理想不同結果自然也會南轅北轍。問題是，香港作為中國的一部分，是否有能力和應否拋下整個國家的步伐，獨立而行。這才是我們需要深思的。

分析中央所提出關於香港的政改框架，可窺探其在一定程度上反映著中國共產黨對當下民主改革的探索方向，核心內容包括有限度選舉和均衡參與。

對於有限度選舉，在對香港的框架中，表現為通過提名委員會提名，和二至三名候選人這兩方面。對於香港來説，主要作用是為了候選人愛國愛港的政治倫理把關和防止出現民粹主義的政策。

這方面對於內地的探索作用，在於結合組織部門的考察培訓成果和角色。長期以來，內地官員的選拔，並不以民間選舉的模式產生，而是通過執政黨內部的組織部門長時間培訓和考察，以確保該人員的工作能力。這可能是間接地回應著已有選舉制度的經驗，防止出現一些善於公關和選舉活動，能力卻平庸的人士擔任公職。這種有限度選舉，實際上是在嘗試著利用選舉使為政者履行對人民負責的承諾，以及對人員質素進行系統把關這二者的一種結合模式。

由此引申，為政者便不能只考慮自己任期內的事務，而是要結合短期政策和長遠發展，從而防止單純為獲得選票而形成的民粹主義，例如主張福利主義等。若果出現這樣傾向的人員，便會被組織部門排除了。

這種初選模式在其他實行選舉制度的政體也是有的，而分別在於這些政體把這個功能交給了政黨，由政黨進行內部初選來決定推出哪個候選人給選民投票。可是由於政黨也是選舉遊戲的參與者，便被認為無法有效發揮這個功能。其性質和思考，仍然受勝選所局限，與長期執政的機構是不同的。

內地對選舉制度探索的另一特點，是限制候選人人數。這主要是出於選舉成本的考慮，不希望社會被高度政治化。這跟現在參與理論研究的人士，大多數有過「文革」時期的經歷不無關係。

此外，探索當中也一直強調均衡參與。這個原則其實長期出現在中國共產黨的政治參與和統戰理論當中，例如從統一戰線到政協委員的組成，使用的都是不同的社會組別，有以地區劃分的，也有些是按專業界別和工作行業的。這個方面跟香港的功能組別選舉有點類似，當然不能説香港在1980年代提出功能組別選舉跟這個理論有關係，但卻在一定程度上形成了某種契合和借鏡。

其實均衡參與或區分社會組別的概念，在現在內地的一些選舉當中已有體現。例如在選舉公職的時候，會故意劃分出婦女、少數民族、黨外人士（非中國共產黨人）等等，有若干數量的職位，必須預留給這些界別的人士擔任。在內地有這樣一則笑話：説「無知少女」在仕途上是最光明的，因為集合了幾方面的組別優勢：無黨派（無）、知識分子（知）、少數民族（少）及女性（女）。

內地現階段對選舉制度的探索，在基層政府是最為著力的。因為基層政府與市民的接觸最多、也最深入，並在一定程度上是質素比較參差的。通過基層選舉，希望能夠強化社會監督、增加認受性，以及通過市民參與刺激基層組織的活力。

# 後記

自2014年3月開始，應陳濱強先生的邀請，在《東方日報》撰寫專欄。沒多久，正好遇上台灣、香港，以至世界各地發生了連串的街頭政治運動。這除了促使我思考一系列法學、政治學和社會學問題，也推動我嘗試在專欄中整理這方面的思考。雖然這些文章不太成熟，但多少反映了這個時代所發生的事情，以及面對時代挑戰時的思想和感受，作為某種歷史的見證。文章主題各異，但如何在堅守法治的基礎之上發展民主政治，以達至良好管治的思考主題，卻始終貫穿其中，故將本書取名為《以法達治》——以法治達到良治。

其後文章得到三聯書店副總編李安小姐的青睞，建議我將它們輯錄成書，進一步和讀者分享，在這個激動人心的時代，鼓勵同樣重要的冷靜思考。

所以這本書得以出版，實有賴上述兩位朋友的支持和協助。也想趁此機會，感謝本書的編輯寧礎鋒先生，他是一位心思慎密但卻不乏創意的年輕人。此外還有《東方日報》的施友朋和李家祺兩位先生，對於我平日稿件的多次幫助。另外跟尹國華大律師和梁餘生老師的反覆討論，也使我獲益良多。當然還得感謝三聯書店和《東方日報》對整件事情的大力肯定。最後，我特別希望對陳兆愷法官表示感謝，在撰寫法治主題的文章時，給予我很多參考。謹此致謝。

本書獻給我至愛的家人。

# 以法達治

責任編輯　寧礎鋒
書籍設計　姚國豪

著　者　李浩然
出　版　三聯書店（香港）有限公司
香港北角英皇道499號北角工業大廈20樓
Joint Publishing (H.K.) Co., Ltd.
20/F., North Point Industrial Building,
499 King's Road, North Point, Hong Kong
香港發行　香港聯合書刊物流有限公司
香港新界大埔汀麗路36號3字樓
印　刷　陽光印刷製本廠
香港柴灣安業街3號6字樓
版　次　2015年5月香港第一版第一次印刷
規　格　大32開（140mm×210mm）96面
國際書號　ISBN 978-962-04-3399-3

更多好書請瀏覽三聯網頁：
http://www.jointpublishing.com